王国维经典

王国维 著

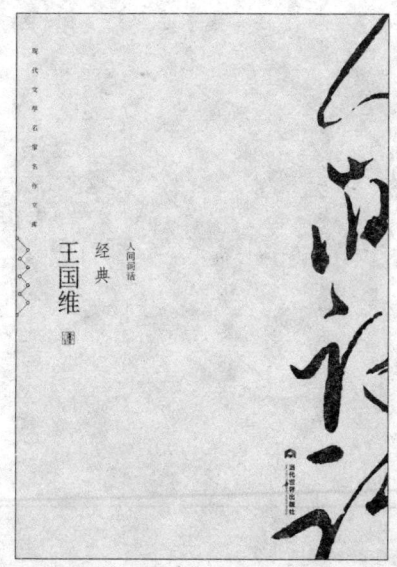

图书在版编目（CIP）数据

王国维经典/王国维著．—北京：当代世界出版社，2018.2

ISBN 978-7-5090-1320-5

Ⅰ.①王… Ⅱ.①王… Ⅲ.①王国维（1877－1927）—文集 Ⅳ.①C53

中国版本图书馆 CIP 数据核字（2018）第 007371 号

出版发行：	当代世界出版社
地　　址：	北京市复兴路 4 号（100860）
网　　址：	http://www.worldpress.org.cn
编务电话：	（010）83907332
发行电话：	（010）83908409
	（010）83908455
	（010）83908377
	（010）83908423（邮购）
	（010）83908410（传真）
经　　销：	全国新华书店
印　　刷：	北京欣睿虹彩印刷有限公司
开　　本：	700 毫米×1000 毫米　1/16
印　　张：	14.25
字　　数：	154 千字
版　　次：	2018 年 7 月第 1 版
印　　次：	2018 年 7 月第 1 次
书　　号：	ISBN 978-7-5090-1320-5
定　　价：	29.80 元

如发现印装质量问题，请与承印厂联系调换。
版权所有，翻印必究；未经许可，不得转载！

目　录

《人间词话》定稿 …………………………………………… (1)
《人间词话》删稿 …………………………………………… (16)
《人间词话》附录 …………………………………………… (28)
《人间词话》拾遗 …………………………………………… (37)
人间词·苕华词 ……………………………………………… (42)
人间词·观堂长短句 ………………………………………… (89)
文学小言 ……………………………………………………… (100)
屈子文学之精神 ……………………………………………… (105)
敦煌发见唐朝之通俗诗及通俗小说 ………………………… (109)
韦庄的《秦妇吟》 …………………………………………… (116)
唐写本回文诗跋 ……………………………………………… (120)
唐写本《季布歌》、《孝子董永传》残卷跋 ………………… (121)
宋椠《大唐三藏取经诗话》跋 ……………………………… (122)
明黄勉之刻《楚辞章句》跋 ………………………………… (123)
蒙古刊《李贺歌诗编》跋 …………………………………… (124)
宋刊《分类集注杜工部诗》跋 ……………………………… (125)
明钞《北硐集》跋 …………………………………………… (126)
元刊《伯生诗续编》跋 ……………………………………… (127)
《顾亭林文集》跋 …………………………………………… (128)

《南唐二主词》跋 ……………………………… (129)

《赤城词》跋 ………………………………………… (130)

《双溪诗馀》跋 ……………………………………… (131)

《王周士词》跋 ……………………………………… (132)

《蜕岩词》跋 ………………………………………… (133)

《鸥梦词》跋 ………………………………………… (134)

《词林万选》跋 ……………………………………… (135)

明熊忠节题稿跋 ……………………………………… (136)

明太傅朱文恪公手定册立光宗仪注稿卷跋 ………… (137)

涧上草堂会合诗卷跋 ………………………………… (138)

乾隆诸贤送曾南邨守郴州诗卷跋 …………………… (139)

片玉词 ………………………………………………… (140)

桂翁词 ………………………………………………… (143)

花间集 ………………………………………………… (144)

尊前集 ………………………………………………… (146)

草堂诗馀 ……………………………………………… (148)

《玉溪生诗年谱会笺》序 …………………………… (150)

《敬业堂文集》序 …………………………………… (152)

《彊村校词图》序 …………………………………… (154)

《乐庵写书图》序 …………………………………… (156)

传书堂记 ……………………………………………… (158)

库书楼记 ……………………………………………… (160)

先太学君行状 ………………………………………… (162)

罗君楚传 ……………………………………………… (164)

罗君楚妻汪孺人墓碣铭 ……………………………… (166)

目录

诰封中宪大夫海宁陈君暨妻邹太淑人合葬墓志铭 …………（167）

沈乙庵先生七十寿序 ……………………………………（169）

郭春榆宫保七十寿序 ……………………………………（171）

清真先生遗事 ……………………………………………（173）

红楼梦评论 ………………………………………………（200）

真理与自由 ………………………………………………（220）

《人间词话》定稿[①]（六十四则）

一

词以境界为最上。有境界则自成高格，自有名句。五代北宋之词所以独绝者在此。

二

有造境，有写境，此理想与写实二派之所由分。然二者颇难分别。因大诗人所造之境，必合乎自然，所写之境，亦必邻于理想故也。

三

有有我之境，有无我之境。"泪眼问花花不语，乱红飞过秋千去。""可堪孤馆闭春寒，杜鹃声里斜阳暮。"有我之境也。"采菊东篱下，悠然见南山。""寒波澹澹起，白鸟悠悠下。"无我之境也。有我之境，以我观物，故物皆著我之色彩。无我之境，以物观物，故不知何者为我，何者为物。古人为词，写有我之境者为多，然未始不能写无我之境，此在豪杰之士能自树立耳。

四

无我之境，人惟于静中得之。有我之境，于由动之静时得之。故一

[①] 《人间词话》从1908年始，以三期连载于《国粹学报》，为王国维手定本，凡六十四则。1960年人民文学出版社出版《人间词话》（《蕙风词话·人间词话》），徐调孚注，王幼安校订，此据该版本。

优美，一宏壮也。

五

　　自然中之物，互相关系，互相限制。然其写之于文学及美术中也，必遗其关系、限制之处。故虽写实家，亦理想家也。又虽如何虚构之境，其材料必求之于自然，而其构造，亦必从自然之法则。故虽理想家，亦写实家也。

六

　　境非独谓景物也，喜怒哀乐，亦人心中之一境界。故能写真景物、真感情者，谓之有境界。否则谓之无境界。

七

　　"红杏枝头春意闹"，著一"闹"字，而境界全出。"云破月来花弄影"，著一"弄"字，而境界全出矣。

八

　　境界有大小，不以是而分优劣。"细雨鱼儿出，微风燕子斜"何遽不若"落日照大旗，马鸣风萧萧"。"宝帘闲挂小银钩"何遽不若"雾失楼台，月迷津渡"也。

九

　　严沧浪《诗话》谓："盛唐诸公（《诗话》"公"作"人"），唯在兴趣。羚羊挂角，无迹可求。故其妙处，透澈（"澈"作"彻"）玲珑，不可凑拍（"拍"作"泊"）。如空中之音、相中之色、水中之影（"影"作"月"）、镜中之象，言有尽而意无穷。"余谓：北宋以前之词，亦复如是。然沧浪所谓兴趣，阮亭所谓神韵，犹不过道其面目，不若鄙人拈出"境界"二字，为探其本也。

十

太白纯以气象胜。"西风残照，汉家陵阙。"寥寥八字，遂关千古登临之口。后世唯范文正之《渔家傲》、夏英公之《喜迁莺》，差足继武，然气象已不逮矣。

十一

张皋文谓：飞卿之词，"深美闳约"。余谓：此四字唯冯正中足以当之。刘融斋谓："飞卿精艳（当作"妙"）绝人。"差近之耳。

十二

"画屏金鹧鸪"，飞卿语也，其词品似之。"弦上黄莺语"，端己语也，其词品亦似之。正中词品，若欲于其词句中求之，则"和泪试严妆"，殆近之欤？

十三

南唐中主词："菡萏香销翠叶残，西风愁起绿波间。"大有众芳芜秽，美人迟暮之感。乃古今独赏其"细雨梦回鸡塞远，小楼吹彻玉笙寒"，故知解人正不易得。

十四

温飞卿之词，句秀也。韦端己之词，骨秀也。李重光之词，神秀也。

十五

词至李后主而眼界始大，感慨遂深，遂变伶工之词而为士大夫之词。周介存置诸温、韦之下，可谓颠倒黑白矣。"自是人生长恨水长东。""流水落花春去也，天上人间。"《金荃》、《浣花》，能有此气象耶？

十六

词人者，不失其赤子之心者也。故生于深宫之中，长于妇人之手，是后主为人君所短处，亦即为词人所长处。

十七

客观之诗人，不可不多阅世。阅世愈深，则材料愈丰富，愈变化，《水浒传》、《红楼梦》之作者是也。主观之诗人，不必多阅世。阅世愈浅，则性情愈真，李后主是也。

十八

尼采谓："一切文学，余爱以血书者。"后主之词，真所谓以血书者也。宋道君皇帝《燕山亭》词亦略似之。然道君不过自道身世之戚，后主则俨有释迦、基督担荷人类罪恶之意，其大小固不同矣。

十九

冯正中词虽不失五代风格，而堂庑特大，开北宋一代风气。与中、后二主词皆在《花间》范围之外，宜《花间集》中不登其只字也。

二十

正中词除《鹊踏枝》、《菩萨蛮》十数阕最煊赫外，如《醉花间》之"高树鹊衔巢，斜月明寒草"，余谓：韦苏州之"流萤渡高阁"、孟襄阳之"疏雨滴梧桐"不能过也。

二十一

欧九《浣溪沙》词："绿杨楼外出秋千"，晁补之谓：只一"出"字，便后人所不能道。余谓：此本于正中《上行杯》词"柳外秋千出画墙"，但欧语尤工耳。

二十二

梅圣（原误作"舜"）俞《苏幕遮》词："落尽梨花春事（当作"又"）了。满地斜（当作"残"）阳，翠色和烟老。"刘融斋谓：少游一生似专学此种。余谓：冯正中《玉楼春》词："芳菲次第长相续，自是情多无处足。尊前百计得春归，莫为伤春眉黛促。"永叔一生似专学此种。

二十三

人知和靖《点绛唇》、圣（原误作"舜"）俞《苏幕遮》、永叔《少年游》

(原脱"游")三阕为咏春草绝调。不知先有正中"细雨湿流光"五字,皆能摄春草之魂者也。

二十四

《诗·蒹葭》一篇,最得风人深致。晏同叔之"昨夜西风凋碧树。独上高楼,望尽天涯路",意颇近之。但一洒落,一悲壮耳。

二十五

"我瞻四方,蹙蹙靡所骋。"诗人之忧生也。"昨夜西风凋碧树。独上高楼,望尽天涯路"似之。"终日驰车走,不见所问津。"诗人之忧世也。"百草千花寒食路,香车系在谁家树"似之。

二十六

古今之成大事业、大学问者,必经过三种之境界:"昨夜西风凋碧树。独上高楼,望尽天涯路。"此第一境也。"衣带渐宽终不悔,为伊消得人憔悴。"此第二境也。"众里寻他千百度,回头蓦见(当作"蓦然回首"),那人正(当作"却")在,灯火阑珊处。"此第三境也。此等语皆非大词人不能道。然遽以此意解释诸词,恐为晏、欧诸公所不许也。

二十七

永叔"人间(当作"生")自是有情痴,此恨不关风与月。""直须看尽洛城花,始与(当作"共")东(当作"春")风容易别。"于豪放之中有沈著之致,所以尤高。

二十八

冯梦华《宋六十一家词选·序例》谓："淮海、小山，古之伤心人也。其淡语皆有味，浅语皆有致。"余谓此唯淮海足以当之。小山矜贵有馀，但可方驾子野、方回，未足抗衡淮海也。

二十九

少游词境最为凄婉。至"可堪孤馆闭春寒，杜鹃声里斜阳暮"。则变而凄厉矣。东坡赏其后二语，犹为皮相。

三十

"风雨如晦，鸡鸣不已。""山峻高以蔽日兮，下幽晦以多雨。霰雪纷其无垠兮，云霏霏而承宇。""树树皆秋色，山山尽（当作"唯"）落晖。""可堪孤馆闭春寒，杜鹃声里斜阳暮。"气象皆相似。

三十一

昭明太子称：陶渊明诗"跌宕昭彰，独超众类。抑扬爽朗，莫之与京"。王无功称：薛收赋"韵趣高奇，词义晦远。嵯峨萧瑟，真不可言"。词中惜少此二种气象。前者惟东坡，后者唯白石，略得一二耳。

三十二

词之雅郑，在神不在貌。永叔、少游虽作艳语，终有品格。方之美成，便有淑女与倡伎之别。

三十三

美成深远之致不及欧、秦。唯言情体物，穷极工巧，故不失为第一流之作者。但恨创调之才多，创意之才少耳。

三十四

词忌用替代字。美成《解语花》之"桂华流瓦"，境界极妙。惜以"桂华"二字代"月"耳。梦窗以下，则用代字更多。其所以然者，非意不足，则语不妙也。盖意足则不暇代，语妙则不必代。此少游之"小楼连苑"、"绣毂雕鞍"，所以为东坡所讥也。

三十五

沈伯时《乐府指迷》云："说桃不可直说破（原无"破"字，据《花草粹编》附刊本《乐府指迷》加。）桃，须用'红雨''刘郎'等字。咏（原作"说"）柳不可直说破柳，须用'章台''灞岸'等字。"若唯恐人不用代字者。果以是为工，则古今类书具在，又安用词为耶？宜其为《提要》所讥也。

三十六

美成《青玉案》（当作《苏幕遮》）词："叶上初阳干宿雨。水面清圆，一一风荷举。"此真能得荷之神理者。觉白石《念奴娇》、《惜红衣》二词，犹有隔雾看花之恨。

三十七

东坡《水龙吟》咏杨花，和韵而似元唱。章质夫词，原唱而似和韵。才之不可强也如是！

三十八

咏物之词，自以东坡《水龙吟》为最工，邦卿《双双燕》次之。白石《暗香》、《疏影》，格调虽高，然无一语道着，视古人"江边一树垂垂发"等句何如耶？

三十九

白石写景之作，如"二十四桥仍在，波心荡、冷月无声"，"数峰清苦，商略黄昏雨"，"高树晚蝉，说西风消息"，虽格韵高绝，然如雾里看花，终隔一层。梅溪、梦窗诸家写景之病，皆在一"隔"字。北宋风流，渡江遂绝。抑真有运会存乎其间耶？

四十

问"隔"与"不隔"之别，曰：陶、谢之诗不隔，延年则稍隔矣。东坡之诗不隔，山谷则稍隔矣。"池塘生春草"、"空梁落燕泥"等二句，妙处唯在不隔。词亦如是。即以一人一词论。如欧阳公《少年游》咏春草上半阕云："阑干十二独凭春，晴碧远连云。千里万里，二月三月，（此两句原倒置）行色苦愁人。"语语都在目前，便是不隔。至云："谢家池上，江淹浦畔。"则隔矣。白石《翠楼吟》："此地。宜有词仙，拥素云黄鹤，与君游戏。玉梯凝望久，叹芳草、萋萋千里。"便是不隔。至"酒祓清愁，花消英气"，则隔矣。然南宋词虽不隔处，比之前人，自有浅深厚薄之别。

四十一

"生年不满百，常怀千岁忧。昼短苦夜长，何不秉烛游?""服食求神仙，多为药所误。不如饮美酒，被服纨与素。"写情如此，方为不隔。"采菊东篱下，悠然见南山。山气日夕佳，飞鸟相与还。""天似穹庐，笼盖四野。天苍苍，野茫茫。风吹草低见牛羊。"写景如此，方为不隔。

四十二

古今词人格调之高，无如白石。惜不于意境上用力，故觉无言外之味，弦外之响，终不能与于第一流之作者也。

四十三

南宋词人，白石有格而无情，剑南有气而乏韵。其堪与北宋人颉颃者，唯一幼安耳。近人祖南宋而祧北宋，以南宋之词可学，北宋不可学也。学南宋者，不祖白石，则祖梦窗，以白石、梦窗可学，幼安不可学也。学幼安者率祖其粗犷、滑稽，以其粗犷、滑稽处可学，佳处不可学也。幼安之佳处，在有性情，有境界。即以气象论，亦有"横素波、干青云"之概，宁后世龌龊小生所可拟耶？

四十四

东坡之词旷，稼轩之词豪。无二人之胸襟而学其词，犹东施之效捧心也。

四十五

读东坡、稼轩词，须观其雅量高致，有伯夷、柳下惠之风。白石虽似蝉蜕尘埃，然终不免局促辕下。

四十六

苏、辛，词中之狂。白石，犹不失为狷。若梦窗、梅溪、玉田、草窗、中（当作"西"，《删稿》三十五可证。）麓辈，面目不同，同归于乡愿而已。

四十七

稼轩《中秋饮酒达旦，用〈天问〉体作〈木兰花慢〉以送月》曰："可怜今夕月，向何处、去悠悠？是别有人间，那边才见，光景东头。"词人想像，直悟月轮绕地之理，与科学家密合，可谓神悟。

四十八

周介存谓："梅溪词中，喜用'偷'字，足以定其品格。"刘融斋谓："周旨荡而史意贪。"此二词令人解颐。

四十九

介存谓：梦窗词之佳者，如"水光云影，摇荡绿波，抚玩无极，追寻已远"。余览《梦窗甲乙丙丁稿》中，实无足当此者。有之，其"隔江人在雨声中，晚风菰叶生秋怨"二语乎？

五十

梦窗之词，吾得取其词中之一语以评之，曰："映梦窗凌（当作"零"）乱碧。"玉田之词，余得取其词中之一语以评之，曰："玉老田荒。"

五十一

"明月照积雪"、"大江流日夜"、"中天悬明月"、"黄（当作"长"）河落日圆"，此种境界，可谓千古壮观。求之于词，唯纳兰容若塞上之作，如《长相思》之"夜深千帐灯"，《如梦令》之"万帐穹庐人醉，星影摇摇欲坠"差近之。

五十二

纳兰容若以自然之眼观物，以自然之舌言情。此由初入中原，未染汉人风气，故能真切如此。北宋以来，一人而已。

五十三

陆放翁跋《花间集》，谓："唐季五代，诗愈卑，而倚声者辄简古可爱。能此不能彼，未可（当作"易"）以理推也。"《提要》驳之，谓："犹能举七十斤者，举百斤则蹶，举五十斤则运掉自如。"其言甚辨。然谓词必易于诗，余未敢信。善乎陈卧子之言曰："宋人不知诗而强作诗，故终宋之世无诗。然其欢愉愁苦（当作"怨"）之致，动于中而不能抑者，类发于诗馀，故其所造独工。"五代词之所以独胜，亦以此也。

五十四

　　四言敝而有楚辞，楚辞敝而有五言，五言敝而有七言，古诗敝而有律绝，律绝敝而有词。盖文体通行既久，染指遂多，自成习套。豪杰之士，亦难于其中自出新意，故遁而作他体，以自解脱。一切文体所以始盛终衰者，皆由于此。故谓文学后不如前，余未敢信。但就一体论，则此说固无以易也。

五十五

　　诗之《三百篇》、《十九首》，词之五代、北宋，皆无题也。非无题也，诗词中之意，不能以题尽之也。自《花庵》、《草堂》每调立题，并古人无题之词亦为之作题。如观一幅佳山水，而即曰此某山某河，可乎？诗有题而诗亡，词有题而词亡。然中材之士，鲜能知此而自振拔者矣。

五十六

　　大家之作，其言情也必沁人心脾，其写景也必豁人耳目。其辞脱口而出，无矫揉妆束之态。以其所见者真，所知者深也。诗词皆然。持此以衡古今之作者，可无大误矣。

五十七

　　人能于诗词中不为美刺投赠之篇，不使隶事之句，不用粉饰之字，则于此道已过半矣。

五十八

以《长恨歌》之壮采,而所隶之事,只"小玉双成"四字,才有馀也。梅村歌行,则非隶事不办。白、吴优劣,即于此见。不独作诗为然,填词家亦不可不知也。

五十九

近体诗体制,以五七言绝句为最尊,律诗次之,排律最下。盖此体于寄兴言情,两无所当,殆有韵之骈体文耳。词中小令如绝句,长调似律诗,若长调之《百字令》、《沁园春》等,则近于排律矣。

六十

诗人对宇宙人生,须入乎其内,又须出乎其外。入乎其内,故能写之。出乎其外,故能观之。入乎其内,故有生气。出乎其外,故有高致。美成能入而不出。白石以降,于此二事皆未梦见。

六十一

诗人必有轻视外物之意,故能以奴仆命风月。又必有重视外物之意,故能与花鸟共忧乐。

六十二

"昔为倡家女,今为荡子妇。荡子行不归,空床难独守。""何不策高足,先据要路津?无为久贫(当作"守穷")贱,轗轲长苦辛。"可谓淫鄙之尤。然无视为淫词、鄙词者，以其真也。五代、北宋之大词人亦然。非无淫词，读之者但觉其亲切动人。非无鄙词，但觉其精力弥满。可知淫词与鄙词之病，非淫与鄙之病，而游词之病也。"岂不尔思，室是远而。"而子曰："未之思也，夫何远之有？"恶其游也。

六十三

"枯藤老树昏鸦。小桥流水平沙（当作"人家"）。古道西风瘦马。夕阳西下。断肠人在天涯。"此元人马东篱《天净沙》小令也。寥寥数语，深得唐人绝句妙境。有元一代词家，皆不能办此也。

六十四

白仁甫《秋夜梧桐雨》剧，沈雄悲壮，为元曲冠冕。然所作《天籁词》，粗浅之甚，不足为稼轩奴隶。岂创者易工，而因者难巧欤？抑人各有能有不能也？读者观欧、秦之诗远不如词，足透此中消息。

宣统庚戌九月脱稿于京师定武城南寓庐

《人间词话》删稿[1]（四十九则）

一

白石之词，余所最爱者，亦仅二语，曰："淮南皓月冷千山，冥冥归去无人管。"

二

双声、叠韵之论，盛于六朝，唐人犹多用之。至宋以后，则渐不讲，并不知二者为何物。乾嘉间，吾乡周松霭先生（春）著《杜诗双声叠韵谱括略》，正千余年之误，可谓有功文苑者矣。其言曰："两字同母谓之双声，两字同韵谓之叠韵。"余按用今日各国文法通用之语表之，则两字同一子音者谓之双声。如《南史·羊元保传》之"官家恨狭，更广八分"，"官、家、更、广"四字，皆从 k 得声。《洛阳伽蓝记》之"狞奴慢骂"，"狞、奴"二字，皆从 n 得声，"慢、骂"二字，皆从 m 得声也。两字同一母音者，谓之叠韵。如梁武帝"后牖有朽柳"，"后、牖、有"三字，双声而兼叠韵。"有、朽、柳"三字，其母音皆为 u（按：原稿如此，应为 iu）。刘孝绰之"梁皇长康强"，"梁、长、强"三字，其母音皆为 ian（按：原稿如此，应为 iang）也。自李淑《诗苑》伪造沈约之说，以双声、叠韵为诗中八病之二，后世诗家多废而不讲，亦不复用之于词。余谓苟于词之荡漾处多用叠韵，促节处用双声，则其铿锵可诵，必有过于前人者。惜世之专讲音律者，尚未悟此也。

---

[1] 此为王国维原稿中所删弃者，共补辑得四十九则，所据版本同前。

三

世人但知双声之不拘四声，不知叠韵亦不拘平、上、去三声。凡字之同母者，虽平仄有殊，皆叠韵也。

四

诗至唐中叶以后，殆为羔雁之具矣。故五代、北宋之诗，佳者绝少，而词则为其极盛时代。即诗词兼擅如永叔、少游者，词胜于诗远甚。以其写之于诗者，不若写之于词者之真也。至南宋以后，词亦为羔雁之具，而词亦替矣。（《文学小言》十三此下有"除稼轩一人外"六字注。）此亦文学升降之一关键也。

五

曾纯甫中秋应制，作《壶中天慢》词，自注云："是夜，西兴亦闻天乐。"谓宫中乐声，闻于隔岸也。毛子晋谓："天神亦不以人废言。"近冯梦华复辨其诬。不解"天乐"二字文义，殊笑人也！（按：曾觌此词，原为《海野词》所未载，殆毛晋据《武林旧事》卷七补录。调名下小字注，亦出自《武林旧事》，实非曾觌自注。）

六

北宋名家以方回为最次。其词如历下、新城之诗，非不华赡，惜少真味。

七

散文易学而难工，骈文难学而易工。近体诗易学而难工，古体诗难学而易工。小令易学而难工，长调难学而易工。

八

古诗云："谁能思不歌？谁能饥不食？"诗词者，物之不得其平而鸣者也。故欢愉之辞难工，愁苦之言易巧。

九

社会上之习惯，杀许多之善人。文学上之习惯，杀许多之天才。

十

昔人论诗词，有景语、情语之别。不知一切景语，皆情语也。

十一

词家多以景寓情。其专作情语而绝妙者，如牛峤之"甘（当作"须"）作一生拼，尽君今日欢"；顾夐之"换我心为你心，始知相忆深"；欧阳修之"衣带渐宽终不悔，为伊消得人憔悴"；美成之"许多烦恼，只为当时，一饷留情"。此等词求之古今人词中，曾不多见。

十二

词之为体，要眇宜修。能言诗之所不能言，而不能尽言诗之所能言。诗之境阔，词之言长。

十三

言气质，言神韵，不如言境界。有境界，本也。气质、神韵，末也。有境界而二者随之矣。

十四

"西（当作"秋"）风吹渭水，落日（当作"叶"）满长安。"美成以之入词，白仁甫以之入曲，此借古人之境界为我之境界者也。然非自有境界，古人亦不为我用。

十五

长调自以周、柳、苏、辛为最工。美成《浪淘沙慢》二词，精壮顿挫，已开北曲之先声。若屯田之《八声甘州》、东坡之《水调歌头》，则伫兴之作，格高千古，不能以常调论也。

十六

稼轩《贺新郎》词《送茂嘉十二弟》，章法绝妙，且语语有境界，此能品而几于神者。然非有意为之，故后人不能学也。

十七

稼轩《贺新郎》词："柳暗凌波路。送春归猛风暴雨,一番新绿。"又《定风波》词："从此酒酣明月夜。耳热。""绿""热"二字,皆作上去用。与韩玉《东浦词》《贺新郎》以"玉""曲"叶"注""女",《卜算子》以"夜""谢"叶"食""月"(按:"食"当作"节","食"在词中既非韵,在词韵中与"月"又非同部,想系笔误。),已开北曲四声通押之祖。

十八

谭复堂《箧中词选》谓:"蒋鹿谭《水云楼词》与成容若、项莲生,二(原作"三",依《箧中词》卷五改)百年间,分鼎三足。"然《水云楼词》小令颇有境界,长调惟存气格,《忆云词》精实有馀,超逸不足,皆不足与容若比。然视皋文、止庵辈,则倜乎远矣。

十九

词家时代之说,盛于国初。竹垞谓:词至北宋而大,至南宋而深。后此词人,群奉其说。然其中亦非无具眼者。周保绪曰:"南宋下不犯北宋拙率之病,高不到北宋浑涵之诣。"又曰:"北宋词多就景叙情,故珠圆玉润,四照玲珑。至稼轩、白石,一变而为即事叙景,使深者反浅,曲者反直。"潘四农德舆曰:"词滥觞于唐,畅于五代,而意格之闳深曲挚,则莫盛于北宋。词之有北宋,犹诗之有盛唐。至南宋则稍衰矣。"刘融斋熙载曰:"北宋词用密亦疏、用隐亦亮、用沈亦快、用细亦阔、用精亦浑。南宋只是掉转过来。"可知此事自有公论。虽止庵词颇浅薄,潘、刘尤甚,然其推尊北宋,则与明季云间诸公,同一卓识也。

二十

唐、五代、北宋之词,可谓生香真色。若云间诸公,则彩花耳。湘真且然,况其次也者乎。

二十一

《衍波词》之佳者,颇似贺方回。虽不及容若,要在浙中诸子(按:据原稿"浙中诸子"四字作"锡鬯、其年")之上。

二十二

近人词如《复堂词》之深婉,《彊村词》之隐秀,皆在半塘老人上。彊村学梦窗而情味较梦窗反胜。盖有临川庐陵之高华,而济以白石之疏越者。学人之词,斯为极则。然古人自然神妙处,尚未见及。

二十三

宋直方(原作"尚木",误。按:"征舆"字"直方","尚木"乃"征璧"字,因据改。)《蝶恋花》:"新样罗衣浑弃却,犹寻旧日春衫著。"谭复堂《蝶恋花》:"连理枝头侬与汝,千花百草从渠许。"可谓寄兴深微。

二十四

《半塘丁稿》中和冯正中《鹊踏枝》十阕,乃《鹜翁词》之最精者。"望远愁多休纵目"等阕,郁伊惝怳,令人不能为怀。《定稿》只存六阕,殊为未允也。

二十五

固哉，皋文之为词也！飞卿《菩萨蛮》、永叔《蝶恋花》、子瞻《卜算子》，皆兴到之作，有何命意？皆被皋文深文罗织。阮亭《花草蒙拾》谓："坡公命宫磨蝎，生前为王珪、舒亶辈所苦，身后又硬受此差排。"由今观之，受差排者，独一坡公已耶？

二十六

贺黄公谓："姜论史词，不称其'软语商量'，而赏（原作"称"，依《词筌》改。）其'柳昏花暝'，固知不免项羽学兵法之恨。"然"柳昏花暝"自是欧、秦辈句法，前后有画工、化工之殊。吾从白石，不能附和黄公矣。

二十七

"池塘春草谢家春，万古千秋五字新。传语闭门陈正字，可怜无补费精神。"此遗山《论诗绝句》也。梦窗、玉田辈，当不乐闻此语。

二十八

朱子《清邃阁论诗》谓："古人诗中（原无"诗中"两字，依《朱子大全》增）有句，今人诗更无句，只是一直说将去。这般诗（原无"诗"字）一日作百首也得。"余谓北宋之词有句，南宋以后便无句。如玉田、草窗之词，所谓"一日作百首也得"者也。

二十九

朱子谓:"梅圣俞诗,不是平淡,乃是枯槁。"余谓草窗、玉田之词亦然。

三十

"自怜诗酒瘦,难应接,许多春色。""能几番游?看花又是明年。"此等语亦算警句耶?乃值如许笔力!

三十一

文文山词,风骨甚高,亦有境界。远在圣与、叔夏、公谨诸公之上。亦如明初诚意伯词,非季迪、孟载诸人所敢望也。

三十二

和凝《长命女》词:"天欲晓。宫漏穿花声缭绕,窗里星光少。冷霞寒侵帐额,残月光沈树杪。梦断锦闱空悄悄。强起愁眉小。"此词前半,不减夏英公《喜迁莺》也。

三十三

宋《李希声诗话》曰:"唐(当作"古")人作诗,正以风调高古为主。虽意远语疏,皆为佳作。后人有切近的当、气格凡下者,终使人可憎。"余谓北宋词亦不妨疏远。若梅溪以降,正所谓切近的当、气格凡下者也。

三十四

自竹垞痛贬《草堂诗馀》而推《绝妙好词》，后人群附和之。不知《草堂》虽有亵诨之作，然佳词恒得十之六七。《绝妙好词》则除张、范、辛、刘诸家外，十之八九，皆极无聊赖之词。古人云：小好小惭，大好大惭，洵非虚语。（按："古人云"以下共十五字，原稿已改作"甚矣，人之贵耳贱目也！"）

三十五

梅溪、梦窗、玉田、草窗、西麓诸家，词虽不同，然同失之肤浅。虽时代使然，亦其才分有限也。近人弃周鼎而宝康瓠，实难索解。

三十六

余友沈昕伯纮自巴黎寄余《蝶恋花》一阕云："帘外东风随燕到。春色东来，循我来时道。一霎围场生绿草，归迟却怨春来早。锦绣一城春水绕。庭院笙歌，行乐多年少。著意来开孤客抱，不知名字闲花鸟。"此词当在晏氏父子间，南宋人不能道也。

三十七

"君王枉把平陈业，换得雷塘数亩田。"政治家之言也。"长陵亦是闲邱陇，异日谁知与仲多？"诗人之言也。政治家之眼，域于一人一事。诗人之眼，则通古今而观之。词人观物，须用诗人之眼，不可用政治家之眼。故感事、怀古等作，当与寿词同为词家所禁也。

三十八

宋人小说,多不足信。如《雪舟脞语》谓:台州知府唐仲友眷官伎严蕊奴,朱晦庵系治之。及晦庵移去,提刑岳霖行部至台,蕊乞自便。岳问曰:去将安归?蕊赋《卜算子》词云:"住也如何住"云云。案此词系仲友戚高宣教作,使蕊歌以侑觞者,见朱子《纠唐仲友奏牍》。则《齐东野语》所纪朱唐公案,恐亦未可信也。

三十九

《沧浪》《凤兮》二歌,已开楚辞体格。然楚辞之最工者,推屈原、宋玉,而后此之王褒、刘向之词不与焉。五古之最工者,实推阮嗣宗、左太冲、郭景纯、陶渊明,而前此曹、刘,后此陈子昂、李太白不与焉。词之最工者,实推后主、正中、永叔、少游、美成,而后此南宋诸公不与焉。(按:末句原稿作"前此温、韦,后此姜、吴,皆不与焉。")

四十

唐、五代之词,有句而无篇。南宋名家之词,有篇而无句。有篇有句,唯李后主降宋后之作,及永叔、子瞻、少游、美成、稼轩数人而已。

四十一

唐、五代、北宋之词家,倡优也。南宋后之词家,俗子也。二者其失相等。但词人之词,宁失之倡优,不失之俗子。以俗子之可厌,较倡优为甚故也。

四十二

《蝶恋花》"独倚危楼"一阕,见《六一词》,亦见《乐章集》。余谓:屯田轻薄子,只能道"奶奶兰心蕙性"耳。(原注:此等语固非欧公不能道也。)

四十三

读《会真记》者,恶张生之薄幸,而恕其奸非。读《水浒传》者,恕宋江之横暴,而责其深险。此人人之所同也。故艳词可作,唯万不可作儇薄语。龚定庵诗云:"偶赋凌云偶倦飞,偶然闲慕遂初衣。偶逢锦瑟佳人问,便说寻春为汝归。"其人之凉薄无行,跃然纸墨间。余辈读耆卿、伯可词,亦有此感。视永叔、希文小词何如耶?

四十四

词人之忠实,不独对人事宜然。即对一草一木,亦须有忠实之意,否则所谓游词也。

四十五

读《花间》《尊前》集,令人回想徐陵《玉台新咏》。读《草堂诗馀》,令人回想韦縠《才调集》。读朱竹垞《词综》,张皋文、董子远(原误作"晋卿")《词选》,令人回想沈德潜《三朝诗别裁集》。

四十六

明季国初诸老之论词,大似袁简斋之论诗,其失也,纤小而轻薄。

竹垞以降之论词者,大似沈归愚,其失也,枯槁而庸陋。

四十七

东坡之旷在神,白石之旷在貌。白石如玉衍口不言阿堵物,而暗中为营三窟之计,此其所以可鄙也。

四十八

"纷吾既有此内美兮,又重之以修能。"文学之事,于此二者,不可缺一。然词乃抒情之作,故尤重内美。无内美而但有修能,则白石耳。

四十九

诗人视一切外物,皆游戏之材料也。然其游戏,则以热心为之。故诙谐与严重二性质,亦不可缺一也。

《人间词话》附录[①]（二十九则）

一

蕙风词小令似叔原，长调亦在清真、梅溪间，而沈痛过之。彊村虽富丽精工，犹逊其真挚也。天以百凶成就一词人，果何为哉！

二

蕙风《洞仙歌·秋日游某氏园》及《苏武慢·寒夜闻角》二阕，境似清真，集中他作，不能过之。

——以上赵万里录自《蕙风琴趣》评语

三

彊村词，余最赏其《浣溪沙》"独鸟冲波去意闲"二阕，笔力峭拔，非他词可能过之。

四

蕙风《听歌》诸作，自以《满路花》为最佳。至《题香南雅集图》诸词，殊觉泛泛，无一言道著。

——以上赵万里自《丙寅日记》所记观堂论学语中摘出

[①]《〈人间词话〉附录》是各家所录王国维论词之语而原非《人间词话》组成部分者，凡二十九则，所据版本亦同前。

五

（皇甫松）词，黄叔旸称其《摘得新》二首为有达观之见。余谓不若《忆江南》二阕，情味深长，在乐天、梦得（补注）上也。

六

端己词情深语秀，虽规模不及后主、正中，要在飞卿之上。观昔人颜、谢优劣论可知矣。

七

（毛文锡）词比牛、薛诸人，殊为不及。叶梦得谓："文锡词以质直为情致，殊不知流于率露。诸人评庸陋词者，必曰：此仿毛文锡之《赞成功》而不及者。"（补注）其言是也。

八

（魏承班）词，逊于薛昭蕴、牛峤，而高于毛文锡，然皆不如王衍。五代词以帝王为最工，岂不以无意于求工欤。

九

（顾）敻词在牛给事、毛司徒间。《浣溪沙》"春色迷人"一阕，亦见《阳春录》。与《河传》、《诉衷情》数阕，当为敻最佳之作矣。

十

周密《齐东野语》称其（毛熙震）词新警而不为儇薄。余尤爱其《后庭花》，不独意胜，即以调论，亦有俊上清越之致，视文锡蔑如也。

十一

（阎选）词唯《临江仙》第二首有轩翥之意，馀尚未足与于作者也。

十二

昔沈文悫深赏（张）泌"绿杨花扑一溪烟"为晚唐名句。然其词如"露浓香泛小庭花"，较前语似更幽艳。

十三

昔黄玉林赏其（孙光宪）"一庭花（当作"疏"）雨湿春愁"为古今佳句。余以为不若"片帆烟际闪孤光"，尤有境界也。

——以上徐调孚录自《唐五代二十一家词辑》诸跋

十四

（周清真）先生于诗文无所不工，然尚未尽脱古人蹊径。平生著述，自以乐府为第一。词人甲乙，宋人早有定论。惟张叔夏病其意趣不高远。然北宋人如欧、苏、秦、黄，高则高矣，至精工博大，殊不逮先生。故以宋词比唐诗，则东坡似太白，欧、秦似摩诘，耆卿似乐天，方回、叔原则大历十子之流。南宋唯一稼轩可比昌黎。而词中老杜，则非先生不可。昔人以耆卿比少陵，犹为未当也。

十五

（清真）先生之词，陈直斋谓其多用唐人诗句檃括入律，浑然天成。张玉田谓其善于融化诗句，然此不过一端。不如强焕云："模写物态，曲尽其妙。"为知言也。

十六

山谷云："天下清景，不择贤愚而与之，然吾特疑端为我辈设。"诚哉是言！抑岂独清景而已，一切境界，无不为诗人设。世无诗人，即无此种境界。夫境界之呈于吾心而见于外物者，皆须臾之物。惟诗人能以此须臾之物，镌诸不朽之文字，使读者自得之，遂觉诗人之言，字字为我心中所欲言，而又非我之所能自言，此大诗人之秘妙也。境界有二：有诗人之境界，有常人之境界。诗人之境界，惟诗人能感之而能写之，故读其诗者，亦高举远慕，有遗世之意。而亦有得有不得，且得之者亦各有深浅焉。若夫悲欢离合、羁旅行役之感，常人皆能感之，而惟诗人能写之。故其入于人者至深，而行于世也尤广。（清真）先生之词，属于第二种为多。故宋时别本之多，他无与匹。又和者三家，注者二家（强焕本亦有注，见毛跋）。自士大夫以至妇人女子，莫不知有清真，而种种无稽之言，亦由此以起。然非入人之深，乌能如是耶？

十七

楼忠简谓（清真）先生妙解音律，惟王晦叔《碧鸡漫志》谓："江南某氏者，解音律，时时度曲。周美成与有瓜葛。每得一解，即为制词。故周集中多新声。"则集中新曲，非尽自度。然顾曲名堂，不能自已，固非不知音者。故先生之词，文字之外，须兼味其音律，惟词中所注宫调，不出教坊十八调之外。则其音非大晟乐府之新声，而为隋唐以来之燕乐，固可知也。今其声虽亡，读其词者，犹觉拗怒之中，自饶和婉。曼声促节，繁会相宣；清浊抑扬，辘轳交往。两宋之间，一人而已。

——以上徐调孚录自《清真先生遗事·尚论》三

十八

（《云谣集杂曲子》）《天仙子》词，特深峭隐秀，堪与飞卿、端己抗行。

——以上徐调孚录自
《观堂集林·唐写本〈云谣集杂曲子〉跋》

十九

（王）以凝词句法精壮，如和虞彦恭寄钱逊升（当作"叔"）《蓦山溪》一阕、重午登霞楼《满庭芳》一阕、舣舟洪江步下《浣溪沙》一阕，绝无南宋浮艳虚薄之习。其他作亦多类是也。（按：此则乃观堂所录阮元《四库未收书目·王周士词提要》，实非观堂论词之语。）

——以上徐调孚录自《观堂别集·跋王周士词》

二十

有明一代，乐府道衰。《写情》、《扣舷》，尚有宋元遗响，仁宣以后，兹事几绝。独文愍（夏言）以魁硕之才，起而振之。豪壮典丽，与于湖、剑南为近。

——以上徐调孚录自《观堂外集·桂翁词跋》

二十一

《人间词》甲稿序

山阴　樊志厚

王君静安将刊其所为《人间词》,诒书告余曰:"知我词者莫如子,叙之亦莫如子宜。"余与君处十年矣,比年以来,君颇以词自娱。余虽不能词,然喜读词。每夜漏始下,一灯荧然,玩古人之作,未尝不与君共。君成一阕,易一字,未尝不以讯余。既而睽离,苟有所作,未尝不邮以示余也。然则余于君之词,又乌可以无言乎?夫自南宋以后,斯道之不振久矣!元、明及国初诸老,非无警句也。然不免乎局促者,气困于雕琢也。嘉、道以后之词,非不谐美也,然无救于浅薄者,意竭于摹拟也。君之于词,于五代喜李后主、冯正中,于北宋喜永叔、子瞻、少游、美成,于南宋除稼轩、白石外,所嗜盖鲜矣。尤痛诋梦窗、玉田。谓梦窗砌字,玉田垒句,一雕琢,一敷衍,其病不同,而同归于浅薄。六百年来词之不振,实自此始。其持论如此。及读君自所为词,则诚往复幽咽,动摇人心。快而沈,直而能曲。不屑屑于言词之末,而名句间出,殆往往度越前人。至其言近而指远,意决而辞婉,自永叔以后,殆未有工如君者也。君始为词时,亦不自意其至此,而卒至此者,天也,非人之所能为也。若夫观物之微,托兴之深,则又君诗词之特色。求之古代作者,罕有伦比。呜呼!不胜古人,不足以与古人并,君其知之矣。世有疑余言者乎,则何不取古人之词,与君词比类而观之也?光绪丙午三月,山阴樊志厚叙。

二十二

《人间词》乙稿序

山阴　樊志厚

去岁夏，王君静安集其所为词，得六十馀阕，名曰：《人间词甲稿》，余既叙而行之矣。今冬，复汇所作词为《乙稿》，丐余为之叙。余其敢辞。乃称曰：文学之事，其内足以摅己，而外足以感人者，意与境二者而已。上焉者意与境浑，其次或以境胜，或以意胜。苟缺其一，不足以言文学。原夫文学之所以有意境者，以其能观也。出于观我者，意馀于境。而出于观物者，境多于意。然非物无以见我，而观我之时，又自有我在。故二者常互相错综，能有所偏重，而不能有所偏废也。文学之工不工，亦视其意境之有无与其深浅而已。自夫人不能观古人之所观，而徒学古人之所作，于是始有伪文学。学者便之，相尚以辞，相习以模拟，遂不复知意境之为何物，岂不悲哉！苟持此以观古今人之词，则其得失，可得而言焉。温、韦之精艳，所以不如正中者，意境有深浅也。《珠玉》所以逊《六一》，《小山》所以愧《淮海》者，意境异也。美成晚出，始以辞采擅长，然终不失为北宋人之词者，有意境也。南宋词人之有意境者，唯一稼轩，然亦若不欲以意境胜。白石之词，气体雅健耳，至于意境，则去北宋人远甚。及梦窗、玉田出，并不求诸气体，而惟文字之是务，于是词之道熄矣。自元迄明，益以不振。至于国朝，而纳兰侍卫以天赋之才，崛起于方兴之族。其所为词，悲凉顽艳，独有得于意境之深，可谓豪杰之士，奋乎百世之下者矣。同时朱、陈，既非劲敌；后世项、蒋，尤难鼎足。至乾嘉以降，审乎体格韵律之间者愈微，而意味之溢于字句之表者愈浅。岂非拘泥文字，而不求诸意境之失欤？抑观我观物之事自有天在，固难期诸流俗欤？余与静安，均夙持此论。静安之为词，真能以意境胜。夫古今人词之以意胜者，莫若欧阳公。以境胜者，莫若秦少游。至意境两浑，则惟太白、后主、正中数人足以当之。静安之词，大抵意深于欧,而境次于秦。至其合作,如《甲稿·浣溪沙》之"天末同云"、《蝶恋花》之"昨夜梦中"、《乙稿·蝶恋花》之"百尺朱楼"等阕,皆意境两忘,物我一体。高蹈乎八荒之表,而抗心乎千秋之间。骎骎乎两汉之疆域,广于三代,贞观之政治,隆于武德矣。方之侍卫,岂徒伯仲。此固君所得于天者独深,抑岂非致力于意境之效也。至君词之体裁,亦与五代、北宋为近。然君词之所以为五代、北宋之词者,以其有意境在。若以其体裁故,而至遽指为五代、北宋,此又君之不任受。固当与梦窗、玉田之徒,专事摹拟者,同类而笑之也。光绪三十三年十月,山阴樊志厚叙。(按:此二序虽为观堂手笔,而命意实出自樊氏。观堂废稿中曾引樊氏之语,而樊氏所赏诸词,《观堂集林》亦不尽入选,可证也。)

——以上徐调孚录自《观堂外集》

二十三

欧公《蝶恋花》"面旋落花"云云,字字沈响,殊不可及。

——以上陈乃乾录自观堂旧藏《六一词》眉间批语

二十四

《片玉词》"良夜灯光簇如豆"一首,乃改山谷《忆帝京》词为之者,似屯田最下之作,非美成所宜有也。

——以上陈乃乾录自观堂旧藏《片玉词》眉间批语

二十五

温飞卿《菩萨蛮》:"雨后却斜阳,杏花零落香。"少游之"雨馀芳草斜阳。杏花零落(当作"乱")燕泥香。"虽自此脱胎,而实有出蓝之妙。

二十六

白石尚有骨,玉田则一乞人耳。

二十七

美成词多作态,故不是大家气象。若同叔、永叔虽不作态,而"一笑百媚生"矣。此天才与人力之别也。

二十八

周介存谓白石以诗法入词,门径浅狭,如孙过庭书,但便后人模仿。予谓近人所以崇拜玉田,亦由于此。

二十九

予于词,五代喜李后主、冯正中而不喜《花间》,宋喜同叔、永叔、子瞻、少游而不喜美成,南宋只爱稼轩一人,而最恶梦窗、玉田。介存《词辨》所选词,颇多不当人意。而其论词则多独到之语。始知天下固有具眼人,非予一人之私见也。

——以上陈乃乾录自观堂旧藏《词辨》眉间批语

《人间词话》拾遗[①]（十三则）

一

余填词不喜作长调，尤不喜用人韵。偶尔游戏，作《水龙吟》咏杨花用质夫、东坡倡和韵，作《齐天乐》咏蟋蟀用白石韵，皆有与晋代兴之意。余之所长殊不在是，世之君子宁以他词称我。

——录自《新注》之24

二

樊抗夫谓余词如《浣溪沙》之"天末同云"、《蝶恋花》之"昨夜梦中"、"百尺朱楼"、"春到临春"等阕，凿空而道，开词家未有之境。余自谓才不若古人，但于力争第一义处，古人亦不如我用意耳。

——录自《新注》之26

三

叔本华曰："抒情诗，少年之作也；叙事诗及戏曲，壮年之作也。"余谓：抒情诗，国民幼稚时代之作；叙事诗，国民盛壮时代之作也。故曲则古不如今（元曲诚多天籁，然其思想之陋劣，布置之粗笨，千篇一律，令人喷饭。至本朝之《桃花扇》《长生殿》诸传奇，则进矣），词则今不如古。盖一则以布局为主，一则须伫兴而成故也。

——录自《新注》之28

[①] 《〈人间词话〉拾遗》，姚柯夫《人间词话及评论汇编》（简称《汇编》）从滕咸惠的《人间词话新注》（简称《新注》）中补录得王国维论词十三则，谓之拾遗。

四

"岂不尔思,室是远而。"孔子讥之。故知孔门而用词,则牛峤之"甘作一生拼,尽君今日欢"等作,必不在见删之数。(按:此条原已删去)

——录自《新注》之50

五

"暮雨潇潇郎不归",当是古词,未必即白傅所作。故白诗云"吴娘夜雨潇潇曲,自别苏州更不闻"也。(按:此条原已删去)

——录自《新注》之58

六

贺黄公裳《皱水轩词筌》云:"张玉田《乐府指迷》其调叶宫商,铺张藻绘抑亦可矣,至于风流蕴藉之事,真属茫茫。如啖官厨饭者,不知牲牢之外别有甘鲜也。"此语解颐。

——录自《新注》之64

七

周保绪济《词辨》云:"玉田,近人所最尊奉,才情诣力亦不后诸人,终觉积谷作米、把缆放船,无开阔手段。"又云:"叔夏所以不及前人处,只在字句上著功夫,不肯换意。""近人喜学玉田,亦为修饰字句易,换意难。"

——录自《新注》之65

八

　　毛西河《词话》谓：赵德麟令畤作《商调鼓子词》谱西厢传奇，为杂剧之祖。然《乐府雅词》卷首所载秦少游、晁补之、郑彦能（名仅）《调笑转踏》，首有致语，末有放队，每调之前有口号诗，甚似曲本体例。无名氏《九张机》亦然。至董颖《道宫薄媚》大曲咏西子事，凡十支曲，皆平仄通押，则竟是套曲。此可与《弦索西厢》同为曲家之荜路。曾氏置诸《雅词》卷首，所以别之于词也。颖字仲达，绍兴初人，从汪彦章、徐师川游，彦章为作《字说》。见《书录解题》。（按：此条原已删去）

——录自《新注》之89

九

　　宋人遇令节、朝贺、宴会、落成等事，有"致语"一种。宋子京、欧阳永叔、苏子瞻、陈后山、文宋瑞集中皆有之。《啸余谱》列之于词曲之间。其式：先"教坊致语"（四六文），次"口号"（诗），次"勾合曲"（四六文），次"勾小儿队"（四六文），次"队名"（诗二句），次"问小儿"、"小儿致语"，次"勾杂剧"（皆四六文），次"放队"（或诗或四六文）。若有女弟子队，则勾女弟子队如前。其所歌之词曲与所演之剧，则自伶人定之。少游、补之之《调笑》乃并为之作词。元人杂剧乃以曲代之，曲中楔子、科白、上下场诗犹是致语、口号、勾队、放队之遗也。此程明善《啸余谱》所以列"致语"于词曲之间者也。（按：此条原删去）

——录自《新注》之90

十

　　明顾梧芳刻《尊前集》二卷，自为之引。并云：明嘉禾顾梧芳编次。

毛子晋刻《词苑英华》疑为梧芳所辑。朱竹垞跋称：吴下得吴宽手钞本，取顾本勘之，靡有不同，因定为宋初人编辑。《提要》两存其说。按《古今词话》云："赵崇祚《花间集》载温飞卿《菩萨蛮》甚多，合之吕鹏《尊前集》不下二十阕。"今考顾刻所载飞卿《菩萨蛮》五首，除《咏泪》一首外，皆《花间》所有，知顾刻虽非自编，亦非复吕鹏所编之旧矣。《提要》又云："张炎《乐府指迷》虽云唐人有《尊前》《花间集》，然《乐府指迷》真出张炎与否，盖未可定。陈直斋《书录解题》'歌词类'以《花间集》为首，注曰：此近世倚声填词之祖，而无《尊前集》之名。不应张炎见之而陈振孙不见。"然《书录解题》"阳春集"条下引高邮崔公度语曰："《尊前》《花间》往往谬其姓氏。"公度元（按：原误作"公"）祐间人，《宋史》有传。北宋固有，则此书不过直斋未见耳。

又案：黄升《花庵词选》李白《清平乐》下注云："翰林应制。"又云："案唐吕鹏《遏云集》载，应制词四首，以后二首无清逸气韵，疑非太白所作"云云。今《尊前集》所载太白《清平乐》有五首，岂《尊前集》一名《遏云集》，而四首五首之不同，乃花庵所见之本略异欤？又，欧阳炯《花间集序》谓："明皇朝有李太白应制《清平乐》四首。"则唐末时只有四首，岂末一首为梧芳所羼入，非吕鹏之旧欤？（按：此条原已删去。）

——录自《新注》之92

十一

《提要》载："《古今词语》六卷，国朝沈雄纂。雄字偶僧，吴江人。是编所述上起于唐，下迄康熙中年。"然维见明嘉靖前白口本《笺注草堂诗馀》林外《洞仙歌》下引《古今词话》云："此词乃近时林外题于吴江垂虹亭。"（明刻《类编草堂诗馀》亦同）案：升庵《词品》云："林外字岂尘，有《洞仙歌》书于垂虹亭畔。作道装，不告姓名，饮醉而去。人疑为吕洞宾。传入宫中。孝宗笑曰：'"云崖洞天无锁"，"锁"与"老"

叶韵，则"锁"音"扫"，乃闽音也。'侦问之，果闽人林外也。"（《齐东野语》所载亦略同。）则《古今词话》宋时固有此书。岂雄窃此书而复益以近代事欤？又，《季沧苇书目》载《古今词话》十卷，而沈雄所纂只六卷，益证其非一书矣。

——录自《新注》之93

十二

楚辞之体，非屈子所创也。《沧浪》《凤兮》之歌已与三百篇异，然至屈子而最工。五七律始于齐、梁而盛于唐。词源于唐而大成于北宋。故最工之文学，非徒善创，亦且善因。（按：此条原已删去）

——录自《新注》之109

十三

金朗甫作《词选后序》，分词为"淫词""鄙词""游词"三种。词之弊尽是矣。五代、北宋之词，其失也淫。辛、刘之词，其失也鄙。姜、张之词，其失也游。（按：此条原已删去）

——录自《新注》之122

人间词·苕华词[①]

如梦令

点滴空阶疏雨,
迢递严城更鼓。
睡浅梦初成,
又被东风吹去。
无据,
无据,
斜汉垂垂欲曙。

浣溪沙

路转峰回出画塘,
一山枫叶背残阳。
看来浑不似秋光。

隔座听歌人似玉,
六街归骑月如霜。
客中行乐只寻常。

[①] 《人间词》,1906年4月王国维将其词作61阕发表于《教育世界》(总第123号),名云《人间词甲稿》。1907年10月又选43阕刊载于《教育世界》(总第161号),名云《人间词乙稿》。1921年王氏自编《观堂集林》时,又以所作之词分别名之云《苕华词》与《观堂长短句》。《王国维遗书》中《苕华词》凡92阕,《观堂长短句》凡23阕,共115阕,亦即通常所谓之《人间词》。此据《王国维遗书》本录之。

临江仙

过眼韶华何处也?
萧萧又是秋声。
极天衰草暮云平。
斜阳漏处,
一塔枕孤城。

独立荒寒谁语?
蓦回头,
宫阙峥嵘。
红墙隔雾未分明。
依依残照,
独拥最高层。

浣溪沙

草偃云低渐合围,
雕弓声急马如飞。
笑呼从骑载禽归。

万事不如身手好,
一生须惜少年时。
那能白首下书帷?

浣溪沙

霜落千林木叶丹,
远山如在有无间。
经秋何事亦孱颜?

且向田家拼泥饮,
聊从卜肆憩征鞍。
只应游戏在尘寰。

好事近

夜起倚危楼,
楼角玉绳低亚。
唯有月明霜冷,
浸万家鸳瓦。

人间何苦又悲秋?
正是伤春罢。
却向春风亭畔,
数梧桐叶下。

好事近

愁展翠罗衾,
半是馀温半泪。
不辨坠欢新恨,

是人间滋味。

几年相守郁金堂,
草草浑闲事。
独向西风林下,
望红尘一骑。

采桑子

高城鼓动兰釭灺,
睡也还醒,
醉也还醒,
忽听孤鸿三两声。

人生只似风前絮,
欢也零星,
悲也零星,
都作连江点点萍。

西河

垂柳里,
兰舟当日曾系。
千帆过尽,
只伊人、
不随书至。
怪渠道着我侬心,
一般思妇游子。

昨宵梦,
分明记,
几回飞度烟水。
西风吹断,
伴灯花、
摇摇欲坠。
宵深待到凤凰山,
声声啼鴂催起。

锦书宛在怀袖底,
人迢迢,
紫塞千里。
算是不曾相忆,
倘有情、
早合归来,
休寄一纸无聊相思字。

摸鱼儿·秋柳

问断肠、
江南江北,
年时如许春色。
碧栏干外无边柳,
舞落迟迟红日。
长堤直。
又道是、
连朝寒雨送行客,

烟笼数驿。
剩今日天涯，
衰条折尽，
月落晓风急。

金城路，
多少人间行役。
当年风度曾识。
北征司马今头白，
唯有攀条沾臆。
都狼藉。
君不见、
舞衣寸寸填沟洫。
细腰谁惜？
算只有多情，
昏鸦点点，
攒向断枝立。

蝶恋花

谁道人间秋已尽？
衰柳毿毿，
尚弄鹅黄影。
落日疏林光炯炯，
不辞立尽西楼暝。

万点栖鸦浑未定。
潋滟金波，

又幂青松顶。
何处江南无此景?
只愁没个闲人领。

鹧鸪天

列炬归来酒未醒,
六街人静马蹄轻。
月中薄雾漫漫白,
桥外渔灯点点青。

从醉里,
忆平生。
可怜心事太峥嵘。
更堪此夜西楼梦,
摘得星辰满袖行。

点绛唇

万顷蓬壶,
梦中昨夜扁舟去。
萦回岛屿,
中有舟行路。

波上楼台,
波底层层俯。
何人住?
断崖如锯,

不见停桡处。

点绛唇

高峡流云，
人随飞鸟穿云去。
数峰著雨，
相对青无语。

岭上金光，
岭下苍烟沍。
人间曙，
疏林平楚，
历历来时路。

踏莎行

绝顶无云，
昨宵有雨，
我来此地闻天语。
疏钟暝直乱峰回，
孤僧晓度寒溪去。

是处青山，
前生俦侣，
招邀尽入闲庭户。
朝朝含笑复含颦，
人间相媚争如许。

清平乐

樱桃花底，
相见颓云鬓。
的的银釭无限意，
消得和衣浓睡。

当时草草西窗，
都成别后思量。
遮莫天涯异日，
转思今夜凄凉。

浣溪沙

月底栖鸦当叶看，
推窗跕跕堕枝间。
霜高风定独凭栏。

为制新词髭尽断，
偶听悲剧泪无端。
可怜衣带为谁宽？

青玉案

姑苏台上乌啼曙。
剩霸业，
今如许。

醉后不堪仍吊古。
月中杨柳,
水边楼阁,
犹自教歌舞。

野花开遍真娘墓,
绝代红颜委朝露。
算是人生赢得处。
千秋诗料,
一抔黄土,
十里寒螀语。

满庭芳

水抱孤城,
云开远戍,
垂柳点点栖鸦。
晚潮初落,
残日漾平沙。
白鸟悠悠自去,
汀洲外,
无限蒹葭。
西风起,
飞花如雪,
冉冉去帆斜。

天涯,
还忆旧,

香尘随马,
明月窥车。
渐秋风镜里,
暗换年华。
纵使长条无恙,
重来处,
攀折堪嗟。
人何许?
朱楼一角,
寂寞倚残霞。

蝶恋花

阅尽天涯离别苦。
不道归来,
零落花如许。
花底相看无一语,
绿窗春与天俱暮。

待把相思灯下诉。
一缕新欢,
旧恨千千缕。
最是人间留不住,
朱颜辞镜花辞树。

玉楼春

今年花事垂垂过,

明岁花开应更嚲。
看花终古少年多，
只恐少年非属我。

劝君莫厌金罍大，
醉倒且拼花底卧。
君看今日树头花，
不是去年枝上朵。

阮郎归

女贞花白草迷离，
江南梅雨时。
阴阴帘幕万家垂，
穿帘双燕飞。

朱阁外，
碧窗西。
行人一舸归。
清溪转处柳阴低，
当窗人画眉。

浣溪沙

天末同云黯四垂，
失行孤雁逆风飞。
江湖寥落尔安归？

陌上金丸看落羽，
闺中素手试调醯。
今宵欢宴胜平时。

浣溪沙

山寺微茫背夕曛，
鸟飞不到半山昏。
上方孤磬定行云。

试上高峰窥皓月，
偶开天眼觑红尘。
可怜身是眼中人。

青玉案

江南秋色垂垂暮。
算幽事，
浑无数。
日日沧浪亭畔路。
西风林下，
夕阳水际，
独自寻诗去。

可怜愁与闲俱赴，
待把尘劳截愁住。
灯影幢幢天欲曙。
闲中心事，

忙中情味，
并入西楼雨。

浣溪沙

昨夜新看北固山，
今朝又上广陵船。
金焦在眼苦难攀。

猛雨自随汀雁落，
湿云常与暮鸦寒。
人天相对作愁颜。

鹊桥仙

沈沈戍鼓，
萧萧厩马，
起视霜华满地。
猛然记得别伊时，
正今夕、
邮亭天气。

北征车辙，
南征归梦，
知是调停无计。
人间事事不堪凭，
但除却、
无凭两字。

鹊桥仙

绣衾初展,
银釭旋剔,
不尽灯前欢语。
人间岁岁似今宵,
便胜却、
貂婵无数。

霎时送远,
经年怨别,
镜里朱颜难驻。
封侯觅得也寻常,
何况是、
封侯无据。

减字木兰花

皋兰被径,
月底栏干闲独凭。
修竹娟娟,
风里时闻响佩环。

蓦然深省,
起踏中庭千个影。
依旧人间,
一梦钧天只惘然。

鹧鸪天

阁道风飘五丈旗,
层楼突兀与云齐。
空馀明月连钱列,
不照红葩倒井披。

频摸索,
且攀跻。
千门万户是耶非?
人间总是堪疑处,
唯有兹疑不可疑。

浣溪沙

夜永衾寒梦不成,
当轩减尽半天星。
带霜宫阙日初升。

客里欢娱和睡减,
年来哀乐与词增。
更缘何物遣孤灯?

浣溪沙

画舫离筵乐未停,
潇潇暮雨阖闾城。

那堪还向曲中听?

只恨当时形影密,
不关今日别离轻。
梦回酒醒忆平生。

浣溪沙

才过苕溪又霅溪,
短松疏竹媚朝晖。
去年此际远人归。

烧后更无千里草,
雾中不隔万家鸡。
风光浑异去年时。

贺新郎

月落飞乌鹊,
更声声、
暗催残岁,
城头寒柝。
曾记年时游冶处,
偏反一栏红药。
和士女、
盈盈欢谑。
眼底春光何处也?
只极天、

野烧明山郭。
侧身望,
天地窄。

遗愁何计频商略。
恨今宵、
书城空拥,
愁城难落。
陋室风多青灯炧,
中有千秋魂魄。
似诉尽、
人间纷浊。
七尺微躯百年里,
那能消、
今古闲哀乐?
与胡蝶,
蘧然觉。

人月圆·梅

天公应自嫌寥落,
随意着幽花。
月中霜里,
数枝临水,
水底横斜。

萧然四顾,
疏林远渚,

寂寞天涯。
一声鹤唳，
殷勤唤起，
大地清华。

卜算子·水仙

罗袜悄无尘，
金屋浑难贮。
月底溪边一晌看，
便恐凌波去。

独自惜幽芳，
不敢矜迟莫。
却笑孤山万树梅，
狼藉花如许。

八声甘州

直青山、
缺处倚东南，
万堞浸明湖。
看片帆指处，
参差宫阙，
风展旌旟。
向晚棹声渐急，
萧瑟杂菰蒲。
一骑严城去，

灯火千衢。

不道繁华如许,
又万家爆竹,
隔院笙竽。
叹沈沈人海,
不与慰羁孤。
剩终朝、
襟裾相对,
纵委蛇、
人已厌狂疏。
呼灯且觅朱家去,
痛饮屠苏。

浣溪沙

曾识卢家玳瑁梁,
觅巢新燕屡回翔。
不堪重问郁金堂。

今雨相看非旧雨,
故乡罕乐况他乡。
人间何地着疏狂?

踏莎行·元夕

绰约衣裳,
凄迷香麝,

华灯素面光交射。
天公倍放月婵娟,
人间解与春游冶。

乌鹊无声,
鱼龙不夜。
九衢忙杀闲车马。
归来落月挂西窗,
邻鸡四起兰釭灺。

蝶恋花

急景流年真一箭。
残雪声中,
省识东风面。
风里垂杨千万线,
昨宵染就鹅黄浅。

又是帘纤春雨暗。
倚遍危楼,
高处人难见。
已恨平芜随雁远,
暝烟更界平芜断。

蝶恋花

窣地重帘围画省。
帘外红墙,

高与银河并。
开尽隔墙桃与杏,
人间望眼何由骋?

举首忽惊明月冷。
月里依稀,
认得山河影。
问取嫦娥浑未肯,
相携素手层城顶。

蝶恋花

独向沧浪亭外路。
六曲栏干,
曲曲垂杨树。
展尽鹅黄千万缕,
月中并作濛濛雾。

一片流云无觅处。
云里疏星,
不共云流去。
闭置小窗真自误,
人间夜色还如许。

浣溪沙

舟逐清溪弯复弯,
垂杨开处见青山。

毿毿绿发覆烟鬟。

夹岸莺花迟日里，
归船箫鼓夕阳间。
一生难得是春闲。

临江仙

闻说金微郎戍处，
昨宵梦向金微。
不知今又过辽西。
千屯沙上暗，
万骑月中嘶。

郎似梅花侬似叶，
竭来手抚空枝。
可怜开谢不同时，
漫言花落早，
只是叶生迟。

南歌子

又是乌西匿，
初看雁北翔。
好与报檀郎：
春来宵渐短，
莫思量。

荷叶杯　戏效花间体

一

手把金尊酒满，

相劝。

情极不能羞，

乍调筝处又回眸。

留摩留，

留摩留。

二

矮纸数行草草，

书到。

总道苦相思，

朱颜今日未应非。

归摩归，

归摩归。

三

无赖灯花又结，

照别。

休作一生拼，

明朝此际客舟寒。

欢摩欢，

欢摩欢。

四

谁道闲愁如海？

零碎。

雨过一池沤，

时时飞絮上帘钩。
愁摩愁,
愁摩愁。

五

昨夜绣衾孤拥,
幽梦。
一霎钿车尘,
道旁依约见天人。
真摩真,
真摩真。

六

隐隐轻雷何处?
将曙。
隔牖见疏星,
一庭芳树乱啼莺。
醒摩醒,
醒摩醒。

蝶恋花

窈窕燕姬年十五。
惯曳长裾,
不作纤纤步。
众里嫣然通一顾,
人间颜色如尘土。

一树亭亭花乍吐。
除却天然,

欲赠浑无语。
当面吴娘夸善舞，
可怜总被腰肢误。

玉楼春

西园花落深堪扫，
过眼韶华真草草。
开时寂寂尚无人，
今日偏嗔摇落早。

昨朝却走西山道，
花事山中浑未了。
数峰和雨对斜阳，
十里杜鹃红似烧。

蝶恋花

辛苦钱塘江上水。
日日西流，
日日东趋海。
终古越山浈洞里，
可能消得英雄气？

说与江潮应不至。
潮落潮生，
几换人间世。
千载荒台麋鹿死，

灵胥抱愤终何是!

蝶恋花

谁道江南春事了？

废苑朱藤，

开尽无人到。

高柳数行临古道，

一藤红遍千枝杪。

冉冉赤云将绿绕。

回首林间，

无限斜阳好。

若是春归归合早，

馀春只搅人怀抱。

水龙吟·杨花　用章质夫、苏子瞻唱和韵

开时不与人看，

如何一霎濛濛坠？

日长无绪，

回廊小立，

迷离情思。

细雨池塘，

斜阳院落，

重门深闭。

正参差欲住，

轻衫掠处，

又特地、
因风起。

花事阑珊到汝。
更休寻、
满枝琼缀。
算来只合,
人间哀乐,
者般零碎。
一样飘零,
宁为尘土,
勿随流水。
怕盈盈、
一片春江,
都贮得、
离人泪。

点绛唇

暗里追凉,
扁舟径掠垂杨过。
湿萤光大,
一一风前堕。

坐觉西南,
紫电排云破。
严城锁,
高歌无和,

万舫沉沉卧。

蝶恋花

莫斗婵娟弓样月。
只坐蛾眉,
消得千谣诼。
臂上宫砂那不灭?
古来积毁能销骨。

手把齐纨相决绝。
懒祝秋风,
再使人间热。
镜里朱颜犹未歇,
不辞自媚朝和夕。

浣溪沙

七月西风动地吹,
黄埃和叶满城飞。
征人一日换缯衣。

金马岂真堪避世?
海鸥应是未忘机。
故人今有问归期。

浣溪沙

城郭秋生一夜凉,
独骑瘦马傍宫墙。
参差霜阙带朝阳。

旋解冻痕生绿雾,
倒涵高树作金光。
人间夜色尚苍苍。

扫花游

疏林挂日,
正雾淡烟收,
苍然平楚。
绕林细路,
听沈沈落叶,
玉骢踏去。
背日丹枫,
到眼秋光如许。
正延伫,
便一片飞来,
说与迟暮。

欢事难再溯。
是载酒携柑,
旧曾游处。

清歌未住,

又黄鹂趁拍,

飞花入俎。

今日重来,

除是斜晖如故。

隐高树,

有寒鸦、

相呼俦侣。

祝英台近

月初残,

门小掩,

看上大堤去。

徒御喧阗,

行子黯无语。

为谁收拾离颜?

一腔红泪,

待留向、

孤衾偷注!

马蹄驻,

但觉怨慕悲凉,

条风过平楚。

树上啼鹃,

又诉岁华暮。

思量只有人间,

年年征路。

纵有恨、
都无啼处。

浣溪沙

乍向西邻斗草过,
药栏红日尚婆娑。
一春只遣睡消磨。

发为沈酣从委枕,
脸缘微笑暂生涡。
这回好梦莫惊他。

虞美人

犀比六博消长昼,
五白惊呼骤。
不须辛苦问亏成,
一霎尊前了了见浮生。

笙歌散后人微倦,
归路风吹面。
西窗落月荡花枝,
又是人间酒醒梦回时。

减字木兰花

乱山四倚,

人马崎岖行井底。
路逐峰旋,
斜日杏花明一山。

销沉就里,
终古兴亡离别意。
依旧年年,
迤逦骡纲度上关。

蝶恋花

连岭去天知几尺?
岭上秦关,
关上元时阙。
谁信京华尘里客,
独来绝塞看明月。

如此高寒真欲绝。
眼底千山,
一半溶溶白。
小立西风吹素帻,
人间几度生华发?

蝶恋花

帘幕深深香雾重。
四照朱颜,
银烛光浮动。

一霎新欢千万种,
人间今夜浑如梦。

小语灯前和目送。
密意芳心,
不放罗帏空。
看取博山闲袅凤,
濛濛一气双烟共。

蝶恋花

手剔银灯惊炷短。
拥髻无言,
脉脉生清怨。
此恨今宵争得浅?
思量旧日深恩遍。

月影移帘风过院。
待到归来,
传尽中宫箭。
故拥绣衾遮素面,
赚他醉里频频唤。

浣溪沙

似水轻纱不隔香,
金波初转小回廊。
离离丛菊已深黄。

尽撤华灯招素月,
更缘人面发花光。
人间何处有严霜?

蝶恋花

落日千山啼杜宇。
送得归人,
不遣居人住。
自是精魂先魄去,
凄凉病榻无多语。

往事悠悠容细数。
见说来生,
只恐来生误。
纵使兹盟终不负,
那时能记今生否?

菩萨蛮

高楼直挽银河住,
当时曾笑牵牛处。
今夕渡河津,
牵牛应笑人。

桐梢垂露脚,
梢上惊鸟掠。

灯焰不成青，
绿窗纱半明。

应天长

紫骝却照春波绿，
波上荡舟人似玉。
似相知，
羞相逐。
一晌低头犹送目。

鬓云欹，
眉黛蹙。
应恨这番匆促。
恼一时心曲，
手中双桨速。

菩萨蛮

红楼遥隔帘纤雨，
沉沉暝色笼高树。
树影到侬窗，
君家灯火光。

风枝和影弄，
似妾西窗梦。
梦醒即天涯，
打窗闻落花。

菩萨蛮

玉盘寸断葱芽嫩，
鸾刀细割羊肩进。
不敢厌腥臊，
缘君亲手调。

红炉赪素面，
醉把貂裘缓。
归路有余狂，
天街宵踏霜。

鹧鸪天

楼外秋千索尚悬，
霜高素月慢流天。
倾残玉椀难成醉，
滴尽铜壶不解眠。

人寂寂，
夜厌厌。
北窗情味似枯禅。
不缘此夜金闺梦，
那信人间尚少年。

浣溪沙

花影闲窗压几重？
连环新解玉玲珑。
日长无事等匆匆。

静听斑骓深巷里，
坐看飞鸟镜屏中。
乍梳云髻那时松。

浣溪沙

爱棹扁舟傍岸行，
红妆素袷斗轻盈。
脸边舷外晚霞明。

为惜花香停短棹，
戏窥鬓影拨流萍。
玉钗斜立小蜻蜓。

蝶恋花

忆挂孤帆东海畔。
咫尺神山，
海上年年见。
几度天风吹棹转，
望中楼阁阴晴变。

金阙荒凉瑶草短。
到得蓬莱,
又值蓬莱浅。
只恐飞尘沧海满,
人间精卫知何限。

喜迁莺

秋雨霁,
晚烟拖,
宫阙与云摩。
片云流月入明河,
鸤鹊散金波。

宜春院,
披香殿,
雾里梧桐一片。
华灯簇处动笙歌,
复道属车过。

蝶恋花

翠幕轻寒无著处。
好梦初回,
枕上惺忪语。
残夜小楼浑欲曙,
四山积雪明如许。

莫遣良辰闲过去。
起瀹龙团，
对雪烹肥羜。
此景人间殊不负，
檐前冻雀还知否？

虞美人

金鞭珠弹嬉春日，
门户初相识。
未能羞涩但娇痴，
却立风前散发衬凝脂。

近来瞥见都无语，
但觉双眉聚。
不知何日始工愁？
记取那回花下一低头。

齐天乐·蟋蟀　用姜石帚原韵

天涯已自悲秋极，
何须更闻虫语？
乍响瑶阶，
旋穿绣闼，
更入画屏深处。
喁喁似诉，
有几许哀丝，

佐伊机杼。
一夜东堂，
暗抽离恨万千绪。

空庭相和秋雨。
又南城罢柝，
西院停杵。
试问王孙：
苍茫岁晚，
那有闲愁无数？
宵深谩与，
怕梦稳春酣，
万家儿女，
不识孤吟，
劳人床下苦。

点绛唇

波逐流云，
棹歌袅袅凌波去。
数声和橹，
远入蒹葭浦。

落日中流，
几点闲鸥鹭。
低飞处，
菰蒲无数，
瑟瑟风前语。

蝶恋花

春到临春花正妩。
迟日阑干,
蜂蝶飞无数。
谁遣一春抛却去?
马蹄日日章台路。

几度寻春春不遇。
不见春来,
那识春归处?
斜阳晚风杨柳渚,
马头何处无飞絮?

菩萨蛮

西风水上摇征梦,
舟轻不碍孤帆重。
江阔树冥冥,
荒鸡叫雾醒。

舟穿妆阁底,
楼上佳人起。
蓦入欲通辞,
数声柔橹枝。

蝶恋花

落落盘根真得地。
涧畔双松,
相背呈奇态。
势欲拚飞终复坠,
苍龙下饮东溪水。

溪上平冈千叠翠。
万树亭亭,
争作拿云势。
总为自家生意遂,
人间爱道为渠媚。

醉落魄

柳烟淡薄,
月中闲杀秋千索。
踏青挑菜都过却,
陡忆今朝,
又失湔裙约。

落红一阵飘帘幕,
隔帘错怨东风恶。
披衣小立阑干角,
摇荡花枝,
哑哑南飞鹊。

虞美人

杜鹃千里啼春晚,
故国春心断。
海门空阔月皑皑,
依旧素车白马夜潮来。

山川城郭都非故,
恩怨须臾误。
人间孤愤最难平,
消得几回潮落又潮生。

鹧鸪天·庚申除夕和吴伯宛舍人

绛蜡红梅竞作花,
客中惊又度年华。
离离长柄垂天斗,
隐隐轻雷隔巷车。

斟绿醑,
和尖叉,
新词飞寄舍人家。
可将平日丝纶手,
系取今宵赴壑蛇。

百字令·题孙隘庵《南窗寄傲图》　戊午

楚灵均后,
数柴桑、
第一伤心人物。
招屈亭前千古水,
流向浔阳百折。
夷叔西陵,
山阳下国,
此恨那堪说!
寂寥千载,
有人同此伊郁。

堪叹招隐图成,
赤明龙汉,
小劫须臾阅。
试与披图寻甲子,
尚记义熙年月。
归鸟心期,
孤云身世,
容易成华发。
乔松无恙,
素心还问霜杰。

霜花腴·用梦窗韵补寿彊村侍郎　乙未

海湄倦客。

是赤明延康,
旧日衣冠。
坡老黎村,
冬郎闽峤,
中年陶写应难。
醉乡尽宽,
更紫萸、
黄菊尊前。
剩沧江、
梦绕觚棱,
斗边槎外恨高寒。

回首凤城花事,
便玉河烟柳,
总带栖蝉。
写艳霜边,
疏芳篱下,
消磨十样蛮笺。
载将画船,
荡素波、
凉月娟娟。
倩郦泉、
与驻秋容,
重来扶醉看。

清平乐·况夔笙太守索题《香南雅集图》　庚申

蕙兰同畹,

著意风光转。
劫后芳华仍婉晚,
得似凤城初见。

旧人惟有何戡,
玉宸宫调曾谙。
肠断杜陵诗句,
落花时节江南。

人间词·观堂长短句[①]

乙巳至己酉

少年游

垂杨门外,
疏灯影里,
上马帽檐斜。
紫陌霜浓,
青松月冷,
炬火散林鸦。

酒醒起看西窗上,
翠竹影交加。
跌宕歌词,
纵横书卷,
不与遣年华。

阮郎归

美人消息隔重关,
川途弯复弯。
沈沈空翠压征鞍,
马前山复山。

[①] 《观堂长短句》,此据《王国维遗书》中《观堂集林》第二十四卷。

浓泼黛，
缓拖鬟。
当年看复看。
只馀眉样在人间，
相逢艰复艰。

蝶恋花

昨夜梦中多少恨。
细马香车，
两两行相近。
对面似怜人瘦损，
众中不惜搴帷问。

陌上轻雷听隐辚。
梦里难从，
觉后那堪讯？
蜡泪窗前堆一寸，
人间只有相思分。

虞美人

碧苔深锁长门路，
总为蛾眉误。
自来积毁骨能销，
何况真红、
一点臂砂娇。

妾身但使分明在，
肯把朱颜悔？
从今不复梦承恩，
且自簪花、
坐赏镜中人。

浣溪沙

六郡良家最少年，
戎装骏马照山川。
闲抛金弹落飞鸢。

何处高楼无可醉？
谁家红袖不相怜？
人间那信有华颠！

点绛唇

厚地高天，
侧身颇觉平生左。
小斋如舸，
自许回旋可。

聊复浮生，
得此须臾我。
乾坤大，
霜林独坐，

红叶纷纷堕。

蝶恋花

满地霜华浓似雪。
人语西风,
瘦马嘶残月。
一曲阳关浑未彻,
车声渐共歌声咽。

换尽天涯芳草色。
陌上深深,
依旧年时辙。
自是浮生无可说,
人间第一耽离别。

蝶恋花

斗觉宵来情绪恶。
新月生时,
暗暗伤离索。
此夜清光浑似昨,
不辞自下深深幕。

何物尊前哀与乐?
已坠前欢,
无据他年约。
几度烛花开又落,

人间须信思量错。

蝶恋花

百尺朱楼临大道。
楼外轻雷,
不间昏和晓。
独倚阑干人窈窕,
闲中数尽行人小。

一霎车尘生树杪。
陌上楼头,
都向尘中老。
薄晚西风吹雨到,
明朝又是伤流潦。

蝶恋花

黯淡灯花开又落。
此夜云踪,
究向谁边着?
频弄玉钗思旧约,
知君未忍浑抛却。

妾意苦专君苦博。
君似朝阳,
妾似倾阳藿。
但与百花相斗作,

君恩妾命原非薄!

浣溪沙

掩卷平生有百端,
饱更忧患转冥顽。
偶听啼鴂怨春残。

坐觉无何消白日,
更缘随例弄丹铅。
闲愁无分况清欢。

清平乐

垂杨深院,
院落双飞燕。
翠幕银灯春不浅,
记得那时初见。

眼波靥晕微流,
尊前却按凉州。
拼取一生肠断,
消他几度回眸。

浣溪沙

漫作年时别泪看,
西窗蜡炬尚汍澜。

不堪重梦十年间。

斗柄又垂天直北，
官书坐会岁将阑。
更无人解忆长安。

谒金门

孤檠侧，
诉尽十年踪迹。
残夜银釭无气力，
绿窗寒恻恻。

落叶瑶阶狼藉，
高树露华凝碧。
露点声疏人语密，
旧欢无处觅。

苏幕遮

倦凭栏，
低拥髻。
丰颊修眉，
犹是年时意。
昨夜西窗残梦里，
一霎幽欢，
不似人间世。

恨来迟,
防醒易。
梦里惊疑,
何况醒时际?
凉月满窗人不寐,
香印成灰,
总作回肠字。

浣溪沙

本事新词定有无?
斜行小草字模糊。
灯前肠断为谁书?

隐几窥君新制作,
背灯数妾旧欢娱。
区区情事总难符。

蝶恋花

袅袅鞭丝冲落絮。
归去临春,
试问春何许?
小阁重帘天易暮,
隔帘阵阵飞红雨。

刻意伤春谁与诉?
闷拥罗衾,

动作经旬度。
已恨年华留不住,
那知恨里年华去。

蝶恋花

窗外绿荫添几许?
剩有朱樱,
尚系残春住。
老尽莺雏无一语,
飞来衔得樱桃去。

坐看画梁双燕乳。
燕语呢喃,
似惜人迟暮。
自是思量渠不与,
人间总被思量误。

点绛唇

屏却相思,
近来知道都无益。
不成抛掷,
梦里终相觅。

醒后楼台,
与梦俱明灭。
西窗白,

纷纷凉月,
一院丁香雪。

清平乐

斜行淡墨,
袖得伊书迹。
满纸相思容易说,
只爱年年离别。

罗衾独拥黄昏,
春来几点啼痕。
厚薄不关妾命,
浅深只问君恩。

浣溪沙

已落芙蓉并叶凋,
半枯萧艾过墙高。
日斜孤馆易魂销。

坐觉清秋归荡荡,
眼看白日去昭昭。
人间争度渐长宵。

蝶恋花

月到东南秋正半。

双阙中间,
浩荡流银汉。
谁起水精帘下看?
风前隐隐闻箫管。

凉露湿衣风拂面。
坐爱清光,
分照恩和怨。
苑柳宫槐浑一片,
长门西去昭阳殿。

菩萨蛮

回廊小立秋将半,
婆娑树影当阶乱。
高树是东家,
月华笼露华。

碧阑干十二,
都作回肠字。
独有倚阑人,
断肠君不闻。

文学小言[①]

一

昔司马迁推本汉武时学术之盛,以为利禄之途使然。余谓一切学问皆能以利禄劝,独哲学与文学不然。何则?科学之事业皆直接间接以厚生利用为恉,故未有与政治及社会上之兴味相刺谬者也。至一新世界观与一新人生观出,则往往与政治及社会上之兴味不能相容。若哲学家而以政治及社会之兴味为兴味,而不顾真理之如何,则又决然非真正之哲学。此欧洲中世哲学之以辩护宗教为务者,所以蒙极大之耻辱,而叔本华所以痛斥德意志大学之哲学者也。文学亦然;铺缀的文学,决非文学也。

二

文学者,游戏的事业也。人之势力,用于生存竞争而有余,于是发而为游戏。婉娈之儿,有父母以衣食之,以卵翼之,无所谓争存之事也。其势力无所发泄,于是作种种之游戏。逮争存之事亟,而游戏之道息矣。惟精神上之势力独优,而又不必以生事为急者,然后终身得保其游戏之性质。而成人以后,又不能以小儿之游戏为满足,于是对其自己之情感及所观察之事物而摹写之,咏叹之,以发泄所储蓄之势力。故民族文化之发达,非达一定之程度,则不能有文学;而个人之汲汲于争存者,决无文学家之资格也。

[①] 《文学小言》发表于 1906 年《教育世界》总第 139 号,收入《静庵文集续编》。

三

人亦有言，名者利之宾也。故文绣的文学之不足为真文学也，与铺缀的文学同。古代文学之所以有不朽之价值者，岂不以无名之见者存乎？至文学之名起，于是有因之以为名者，而真正文学乃复托于不重于世之文体以自见。逮此体流行之后，则又为虚玄矣。故模仿之文学，是文绣的文学与铺缀的文学之记号也。

四

文学中有二原质焉：曰景，曰情。前者以描写自然及人生之事实为主，后者则吾人对此种事实之精神的态度也。故前者客观的，后者主观的也；前者知识的，后者感情的也。自一方面言之，则必吾人之胸中洞然无物，而后其观物也深，而其体物也切；即客观的知识，实与主观的情感为反比例。自他方面言之，则激烈之情感，亦得为直观之对象、文学之材料；而观物与其描写之也，亦有无限之快乐伴之。要之，文学者，不外知识与感情交代之结果而已。苟无锐敏之知识与深邃之感情者，不足与于文学之事。此其所以但为天才游戏之事业，而不能以他道劝者也。

五

古今之成大事业大学问者，不可不历三种之阶级："昨夜西风凋碧树。独上高楼，望尽天涯路。"晏同叔《蝶恋花》此第一阶级也。"衣带渐宽终不悔，为伊消得人憔悴。"欧阳永叔《蝶恋花》此第二阶级也。"众里寻他千百度，回头蓦见（当作"蓦然回首"），那人正在灯火阑珊处。"辛幼安《青玉案》此第三阶级也。未有未阅第一第二阶级，而能遽跻第三阶级者。文学亦然。此有文学上之天才者，所以又需莫大之修养也。

六

三代以下之诗人，无过于屈子、渊明、子美、子瞻者。此四子者若无文学之天才，其人格亦自足千古。故无高尚伟大之人格，而有高尚伟大文章者，殆未之有也。

七

天才者，或数十年而一出，或数百年而一出，而又须济之以学问，助之以德性，始能产真正之大文学。此屈子、渊明、子美、子瞻等所以旷世而不一遇也。

八

"燕燕于飞，差池其羽。""燕燕于飞，颉之颃之。"
"睍睆黄鸟，载好其音。""昔我往矣，杨柳依依。"
诗人体物之妙，侔于造化，然皆出于离人孽子征夫之口，故知感情真者，其观物亦真。

九

"驾彼四牡，四牡项领。我瞻四方，蹙蹙靡所骋。"以《离骚》、《远游》数千言言之而不足者，独十七字尽之，岂不诡哉！然以讥屈子之文胜，则亦非知言者也。

十

屈子感自己之感，言自己之言者也。宋玉、景差感屈子之所感，而言其所言；然亲见屈子之境遇，与屈子之人格，故其所言亦殆与自己之言无异。贾谊、刘向其遇略与屈子同，而才则逊矣。王叔师以下，但袭其貌而无其情以济之。此后人之所以不复为楚人之词者也。

十一

屈子之后，文学上之雄者，渊明其尤也。韦、柳之视渊明，其如刘、贾之视屈子乎！彼感他人之所感，而言他人之所言，宜其不如李、杜也。

十二

宋以后之能感自己之感，言自己之言者，其惟东坡乎！山谷可谓能言其言矣，未可谓能感所感也。遗山以下亦然。若国朝之新城，岂徒言一人之言而已哉？所谓"莺偷百鸟声"者也。

十三

诗至唐中叶以后，殆为羔雁之具矣。故五季、北宋之诗，除一二大家外。无可观者，而词则独为其全盛时代。其诗词兼擅如永叔、少游者，皆诗不如词远甚。以其写之于诗者，不若写之于词者之真也。至南宋以后，词亦为羔雁之具，而词亦替矣。除稼轩一人外。观此足以知文学盛衰之故矣。

十四

上之所论，皆就抒情的文学言之。《离骚》诗词皆是。至叙事的文学，谓叙事诗、史诗、戏曲等，非谓散文也。则我国尚在幼稚之时代。元人杂剧，辞则美矣，然不知描写人格为何事。至国朝之《桃花扇》，则有人格矣，然他戏曲则殊不称是。要之，不过稍有系统之词，而并失词之性质者也。以东方古文学之国，无一足以与西欧匹者，此则后此文学家之责矣。

十五

抒情之诗，不待专门之诗人而后能之也。若夫叙事，则其所需之时日长，而其所取之材料富，非天才而又有暇日者不能。此诗家之数之所以不可更仆数，而叙事文学家殆不能及百分之一也。

十六

《三国演义》无纯文学之资格，然其叙关壮缪之释曹操，则非大文学家不办。《水浒传》之写鲁智深，《桃花扇》之写柳敬亭、苏昆生，彼其所为，固毫无意义。然以其不顾一己之利害，故犹使吾人生无限之兴味，发无限之尊敬，况于观壮缪之矫矫者乎？若此者，岂真如汗德所云，实践理性为宇宙人生之根本欤？抑与现在利己之世界相比较，而益使吾人兴无涯之感也？则选择戏曲小说之题目者，亦可以知所去取矣。

十七

吾人谓戏曲小说家为专门之诗人，非谓其以文学为职业也。以文学为职业，馂馓的文学也。职业的文学家，以文学为生活；专门之文学家，为文学而生活。今馂馓的文学之途，盖已开矣。吾宁闻征夫思妇之声，而不屑使此等文学嚣然污吾耳也。

屈子文学之精神[①]

我国春秋以前，道德政治上之思想，可分之为二派：一帝王派，一非帝王派。前者称道尧、舜、禹、汤、文、武，后者则称其学出于上古之隐君子，_{如庄周所称广成子之类}。或讬之于上古之帝王。前者近古学派，后者远古学派也。前者贵族派，后者平民派也。前者入世派，后者遁世派也。_{非真遁世派，知其主义之终不能行于世，而遁焉者也。}前者热情派，后者冷性派也。前者国家派，后者个人派也。前者大成于孔子、墨子，而后者大成于老子。_{老子楚人，在孔子后，与孔子问礼之老聃，系二人，说见汪容甫《述学·老子考异》。}故前者北方派，后者南方派也。此二派者，其主义常相反对，而不能相调和。观孔子与接舆、长沮、桀溺、荷蓧丈人之关系，可知之矣。战国后之诸学派，无不直接出于此二派，或出于混合此二派。故虽谓吾国固有之思想，不外此二者，可也。

夫然，故吾国之文学，亦不外发表二种之思想。然南方学派则仅有散文的文学，如老子、庄、列是已。至诗歌的文学，则为北方学派之所专有。《诗》三百篇，大抵表北方学派之思想者也。虽其中如《考槃》、《衡门》等篇，略近南方之思想。然北方学者所谓"用之则行，舍之则藏"，"有道则见，无道则隐"者，亦岂有异于是哉？故此等谓之南北公共之思想则可，不必为南方思想之特质也。然则诗歌的文学，所以独出于北方之学派者，又何故乎？

诗歌者，描写人生者也。_{用德国大诗人希尔列尔之定义。}此定义未免太狭。今更广之曰"描写自然及人生"，可乎？然人类之兴味，实先人生，而后自然。故纯粹之模山范水，留连光景之作，自建安以前，殆未之见。而

[①] 本文发表于1906年《教育世界》总第140号，收入《静庵文集续编》。

诗歌之题目，皆以描写自己深邃之感情为主。其写景物也，亦必以自己深邃之感情为之素地，而始得于特别之境遇中，用特别之眼观之。故古代之诗，所描写者，特人生之主观的方面；而对于人生之客观的方面，及纯处于客观界之自然，断不能以全力注之也。故对古代之诗，前之定义，苦其广，而不苦其隘也。

诗之为道，既以描写人生为事，而人生者，非孤立之生活，而在家族、国家及社会中之生活也。北方派之理想，置于当日之社会中；南方派之理想，则树于当日之社会外。易言以明之，北方派之理想，在改作旧社会；南方派之理想，在创造新社会。然改作与创作，皆当日之社会之所不许也。南方之人，以长于思辩，而短于实行，故知实践之不可能，而即于其理想中，求其安慰之地，故有遁世无闷，嚣然自得以没齿者矣。若北方之人，则往往以坚忍之志，强毅之气，恃其改作之理想，以与当日之社会争；而社会之仇视之也，亦与其仇视南方学者无异，或有甚焉。故彼之视社会也，一时以为寇，一时以为亲，如此循环，而遂生欧穆亚（Hamour）之人生观。《小雅》之杰作，皆此种竞争之产物也。且北方之人，不为离世绝俗之举，而日周旋于君臣父子夫妇之间，此等在在界以诗歌之题目，与以作诗之动机。此诗歌的文学，所以独产于北方学派中，而无与于南方学派者也。

然南方文学中，又非无诗歌的原质也。南人想象力之伟大丰富，胜于北人远甚。彼等巧于比类，而善于滑稽：故言大则有若北溟之鱼，语小则有若蜗角之国；语久则大椿冥灵，语短则蟪蛄朝菌；至于襄城之野，七圣皆迷；汾水之阳，四子独往；此种想象，决不能于北方文学中发见之。故庄、列书中之某分，即谓之散文诗，无不可也。夫儿童想象力之活泼，此人人公认之事实也。国民文化发达之初期亦然，古代印度及希腊之壮丽之神话，皆此等想象之产物也。以我中国论，则南方之文化发达较后于北方，则南人之富于想象，亦自然之势也。此南方文学中之诗歌的特质所以优于北方文学者也。

由此观之，北方人之感情，诗歌的也，以不得想象之助，故其所作遂止于小篇。南方人之想象，亦诗歌的也，以无深邃之感情之后援，故其想象亦散漫而无所丽，是以无纯粹之诗歌。而大诗歌之出，必须俟北方人之感情，与南方之想象合而为一，即必通南北之骑驿而后可，斯即屈子其人也。

屈子南人而学北方之学者也。南方学派之思想，本与当时封建贵族之制度，不能相容。故虽南方之贵族，亦当奉北方之思想焉。观屈子之文，可以征之。其所称之圣王，则有若高辛、尧、舜、禹、汤、少康、武丁、文、武，贤人则有若皋陶、挚说、彭、咸，谓彭祖、巫咸，商之贤臣也，与"巫咸时夕降兮"之巫咸，自是二人，列子所谓郑有神巫，名季咸者也。比干、伯夷、吕望、宁戚、百里、介推，暴君则有若夏□、羿、浞、桀、纣，皆北方学者之所常称道，而于南方学者所称黄帝、广成等不一及焉。虽《远游》一篇，似专述南方之思想，然此实屈子愤激之词，如孔子之居夷浮海，非其志也。《离骚》之卒章，其旨亦与《远游》同。然卒曰，"陟升皇之赫戏兮，忽临睨夫旧乡。仆夫悲余马怀兮，蜷局顾而不行。"《九章》中之《怀沙》，乃其绝笔，然犹称重华、汤、禹，足知屈子固彻头彻尾抱北方之思想，虽欲为南方之学者，而终有所不慊者也。

屈子之自赞曰"廉贞"。余谓屈子之性格，此二字尽之矣。其廉固南方学者之所优为，其贞则其所不屑为，亦不能为者也。女媭之詈，巫咸之占，渔父之歌，皆代表南方学者之思想，然皆不足以动屈子。而知屈子者，唯詹尹一人。盖屈子之于楚，亲则肺腑，尊则大夫，又尝管内政外交上之大事矣，其于国家既同累世之休戚，其于怀王又有一日之知遇，被疏者一，被放者再，而终不能易其志，于是其性格与境遇相得，而使之成一种欧穆亚。《离骚》以下诸作，实此欧穆亚所发表者也。使南方之学者处此，则贾谊《吊屈原文》、扬雄《反离骚》是，而屈子非矣。此屈子之文学，所负于北方学派者。然就屈子文学之形式言之，则所负于南方学派者，抑又不少。彼之丰富之想象力，实与庄、列为近。《天问》、《远游》凿空之谈，求女谬悠之语，庄语之不足，而继之以谐，于是思想之游戏，更为自由矣。变《三百篇》之体，而为长句，变短什而为长篇，于是感情之发表，更为婉转矣。此皆古代北方文学之所未有，而其端自屈子开之。然所以驱此想象而成此大文学者，实由其北方之肫挚的性格。此庄周等之所以仅为哲学家，而周、秦间之大诗人，不能不独数屈子也。

要之，诗歌者，感情的产物也。虽其中之想象的原质，_{即知力的原质。}亦须有肫挚之感情，为之素地，而后此原质乃显。故诗歌者实北方文学之产物，而非偎薄冷淡之夫所能讬。观后世之诗人，若渊明，若子美，无非受北方学派之影响者。岂独一屈子然哉！岂独一屈子然哉！

敦煌发见唐朝之通俗诗及通俗小说[1]

敦煌唐写本书籍，为英国斯坦因博士携归伦敦者，有韦庄《秦妇吟》一卷，前后残阙，尚近千字。此诗，韦庄《浣花集》十卷中不载，唐写本亦无书题及撰人姓名。然孙光宪《北梦琐言》，谓蜀相韦庄应举时，遇黄"寇"犯阙，著《秦妇吟》一篇，云"内库烧为锦绣灰，天街踏尽公卿骨"，今敦煌残卷中有此二句，其为韦诗审矣。诗为长庆体，叙述黄巢"焚掠"，借陷"贼"妇人口中述之，语极沈痛详尽，其词复明浅易解，故当时人人喜诵之，至制为障子。《北梦琐言》谓庄贵后讳此诗为己作，至撰家戒，不许垂《秦妇吟》障子，则其风行一时可知矣。其诗曰：

（上阙）南邻走入北邻藏，东邻走向西邻避。北邻诸妇咸相凑，户外奔腾如走兽。轰轰焜焜乾坤动，万马雷声从地涌；火迸金星上九天，十二官街烟烘焖。日轮西下寒光白，上帝无言空脉脉。阴云晕气若重围，□者流星如血色。紫气潜随帝座移，妖光暗射□星析。家家流血如泉沸，处处冤声声动地。舞伎歌姬尽黯然，婴儿稚女皆生弃。东邻有女眉新画，倾国倾城不知价；长戈拥得上戎车，回首香闺泪盈把。旋抽金线学缝旗，才上雕鞍教走马；有时马上见良人，不敢回眸空泪下。西邻有女真仙子，一寸横波剪秋水，妆成只对镜中春，年幼不知门外事；一夫跳跃上金阶，斜袒半臂欲相耻；牵衣不肯出朱门，红粉香脂刀下死。南邻有女不记姓，昨日良媒新纳聘，琉璃阶上不闻声，翡翠帘前空见影；忽惊庭际刀刃鸣，身首分离在俄顷；仰

---

[1] 本文发表于1920年《东方杂志》第17卷第8号，《王国维遗书》失收。

天掩面哭一声，女弟女兄同入井。北邻少妇行相促，旋拆云鬟拭眉绿，已闻击托坏高门，不觉攀缘上重屋，须臾四门火光来，欲下危梯梯又摧，烟中大声犹求救，梁上悬尸已作灰。妾身幸得全刀锯，不敢踟蹰久回顾，旋梳云鬟逐军行，强展蛾眉出门去。旧里从兹不得归，六亲自此无寻处。一从陷贼经三岁，终日忧惊心肝碎；夜卧千重剑戟围，朝餐一味人肝脍。鸳帏纵入岂成欢，宝货虽多非所爱。蓬头面垢眉犹赤，几转横波看不得。衣裳颠倒语言异，面上夸功雕作字。柏台多士尽狐精，兰省诸郎皆鬼魅。还将短发戴华簪，不脱朝衣缠绣被。翻持象笏作三公，倒佩金鱼为两史。朝闻奏对入朝堂，暮见喧呼来酒市。一声五鼓人惊起，声啸喧争如窃议。夜来探马入黄城，昨日官军收赤水。赤水去城一百里，朝若发兮暮应至。凶徒马上暗吞声，女伴闺中潜生喜；皆言冤情此日销，必谓妖徒今日死。逡巡走马传声急，又道军前全阵入；大台小台相顾忧，三郎四郎抱鞍泣。汎汎数日无消息，必谓军前已衔璧，簸旗掉剑却来归，又道官军屡败绩。四面从兹多厄束，一斗黄金一斗粟；尚让厨中食木皮，黄巢机上刲人肉。东南断绝无粮道，沟壑渐平人渐少；六军门外倚僵尸，七架营中填饿莩。长安寂寂今何有，废市荒街麦苗秀；采樵斫尽杏园花，修寨诛残御沟柳，华轩绣毂皆消散，甲第朱门无一半；含元殿上狐兔行，花萼楼前荆棘满。昔时繁盛皆埋没，举目凄凉无故物；内库烧为锦绣灰，天街踏尽公卿骨。来时晓出城东陌，城上风烟如塞色。路旁时见游奕军，坡下绝无迎送客。霸陵东望人烟绝，树锁骊山金翠灭。大道俱成棘子林，行人夜宿长□月。明朝晓至三峰路，百万人家无一户；破落田园但有蒿，摧残竹树皆无主。路旁试问金天神，金天无语愁于人；庙前古柏有残折，殿上金炉生暗尘。一从狂寇陷中国，天地晦盲风雨黑；案前神水呪不成，壁上阴兵驱不得。闲日徒歆□乡思，危时不助神通力；我今愧恧拙为神，且向山

中深壁匿。寰中箫管不曾闻，筵上牺牲无处觅。旋教魇（下阙）

此诗前后皆阙，尚存九百六十余字，当为晚唐诗中最长者。又才气俊发，自非才人不能作，惟语取易解，有类俳优，故其弟蔼编《浣花集》时，不以入集。不谓千百年后，乃于荒徼中发见之。当时敦煌写有数本，此藏于英伦者如此。巴黎国民图书馆书目有"《秦妇吟》一卷，右补阙韦庄撰"，既有书名及撰人姓名，当较此为完好，他日当访求之也。

伦敦博物馆有《季布歌》，前后皆阙，尚存三千余字，纪汉季布亡命事，以七言韵语述之，语更浅俗，似后世七字唱本。又有孝子《董永传》，亦系七言，其词略曰：

人生在世审思量，暂□□□有何妨。大众志心须静听，先须孝顺阿爷娘。好事恶事皆钞录，善恶童子每钞将。孝感先贤说董永，年登十五二亲亡；自叹福薄无兄弟，夜中流泪每千行。为缘多生□姊妹，亦无知识及亲房。家里贫穷无钱物，所买当身殡爷娘。

云云：实当时所作劝善诗之一种，江右某氏所藏敦煌书中，有目连救母、李陵降虏二种，则纯粹七字唱本云。

伦敦博物馆又藏唐人小说一种，全用俗语，为宋以后通俗小说之祖。其书亦前后皆阙，仅存中间一段云：

判官慄恶，不敢道名字。帝曰："卿近前来，轻道，姓崔名子玉，朕当识。"言讫，使人引皇帝至院门。使人奏曰："伏维陛下，且立在此，容臣入报判官速来。"言讫，使者到厅前拜了，启判官："奉大王处太宗是生魂到领，判官推勘，见在门外，未敢引。"判官闻言，惊忙起立。（下阙）

此小说记唐太宗入冥事,今传世《西游演义》中有之。《太平广记》引唐张鹭《朝野佥载》,已有此事,但未著判官姓名云:

> 唐太宗极康豫,太史令李淳风见上,流泪无言。上问之。对曰:"陛下夕当晏驾。"太宗曰:"人生有命,亦何忧也。"留淳风宿,太宗至夜半奄然入定,见一人云:"陛下暂合来还,即去也。"帝问:"君是何人?"对曰:"臣是生人判冥事。"太宗入见判官,问六月四日事,(即太宗杀太子建成齐王元吉之日。)即令还。向见者又迎送引导出。淳风即观乾象,不许哭泣。须臾乃瘥,至曙,求昨所见者,令所司与一官,遂注蜀道一丞。

近代郑㻌撰《崔府君祠录》,引《滏阳神异录》一事,与《佥载》同,且以冥判为崔府君。曰:

> 一日,府君忽奉东岳圣帝旨,敕断隐巢等狱。府君令二青衣引太宗至。时魏征已卒,迎太宗嘱曰:"隐巢等冤诉,不可与辨,帝功大,但称述,神必祐也。"帝领之,及对质,帝惟以功上陈,不与辨。府君判曰:"帝治世安民之功甚伟。"(中略)敕二青衣送帝回,隐巢等惶恐去。帝行,复与府君别。府君曰:"毋泄也。"后帝令传府君像,与判狱神无异云云。

今观唐人所撰小说,已云冥判姓崔名子玉。故宋仁宗景祐二年,加崔府君封号诏,有"惠存滏邑,恩结蒲人,生著令猷,没司幽府"等语。可见传世杂说,其所由来远矣。又伦敦所藏尚有伍员入吴小说,亦用俗语,与太宗入冥小说同。

唐代不独有俗体诗文,即所著书籍,亦有平浅易解者,如《太公家教》是也。《太公家教》一书,见于李习之文集,至与文中子《中说》并称。宋王明清《玉照新志》亦称其书。顾世久无传本,近世敦煌所出凡数本，英法图书馆皆有之。上虞罗氏亦藏一本。观其书多用俗语，而文极芜杂无次序，盖唐时乡学究之所作也。其首数行，自叙作书缘起云："□□□代长值危时，望（亡之讹）乡失土，波迸流离。只欲隐山居住，不能忍冻受饥；只欲扬名后代，复无晏婴之机。才轻德薄，不堪人师，徒消人食，浪费人衣。随缘信业，且逐时之随。辄以讨其坟典，简择诗书，依经傍史，约礼时宜，为书一卷，助幼童儿"云云。则其作书之人与作书之旨，均可知矣。书全用韵语，多集当时俗谚格言，有至今尚在人口者。辄举其要者如左：

得人一牛，还人一马，往而不来，非成礼也。知恩报恩，风流儒雅。

一日为师，终身为父；一日为君，终身为主。

他篱莫越，他事莫知，他贫莫笑，他病莫欺，他财莫取，他色莫侵，他疆莫触，他弱莫欺，他弓莫挽，他马莫骑；弓折马死，偿他无疑。

罹网之鸟，悔不高飞；吞钩之鱼，悔不忍饥。

男年长大，莫听好酒；女年长大，莫听游走。

含血噀人，先污其口；十言九中，不语者胜。

款客不贫，古今实语。

近朱者赤，近墨者黑；蓬生麻中，不扶自直。

凡人不可貌相，海水不可斗量。

勤是无价之宝，学是明月之珠。积财千万，不如明解一经；良田千顷，不如薄艺随躯。

香饵之下，必有悬钩之鱼；重赏之家，必有勇夫。

以上诸条，或见古书，或尚存于今日俗语中。张淏《云谷杂记》谓杜荀鹤《唐风集》中诗极低下，如"要知前路事，不及在家时"，"不觉裹头成大汉，初看骑马作儿童"，前辈方之《太公家教》。是唐人用此种文体，惟有《太公家教》一书，故独举此以比杜荀鹤诗，当时亦甚轻视之，观其所就，决不能与唐人他种文学比矣。

敦煌所出《春秋后语》，卷纸背有唐人词三首，其二为《西江月》。其词云：

  天上月，遥望似一团银；夜久更阑风渐紧；为（原作以）奴吹却月边云，照见负（原作附）心人。

  五梁台上月，一片玉无瑕（原作暇）；迤逦（原作以里）看归西海去，横云出来不敢遮，暧靆绕天涯。

又有《菩萨蛮》一首云：

  自从宇内光戈戟，狼烟处处熏天黑；早晚竖金鸡，休磨战马蹄。淼淼三江水，半是离人泪；老尚逐今财，问龙门何日开。

又伦敦博物馆藏唐人书写《云谣集杂曲子》共三十首，中有《凤归云》二首。其一云：

  征夫数岁，萍寄他邦。去便无消息，累换星霜。愁听砧杵，疑塞雁行。孤眠鸾帐里，枉劳魂梦，夜夜飞扬。想君薄行，更不思量。谁为传书与妾表衷肠？倚牖无言垂血泪，暗祝三光。万般无那处，一炉香尽，又更添香。

其二云：

  怨绿窗独坐，修得为君书。征衣裁缝了，远寄边塞；想得为君贪苦战，不惮崎岖。终朝沙里口，冯三尺勇战奸愚。岂知红粉泪如珠？枉把金钗卜，卦口皆虚。魂梦天涯无暂歇，枕上虚待公卿，回日容颜憔悴，彼此何如。

又有《天仙子》一首云：

燕语莺啼三月半，烟蘸柳条金线乱。五陵原上有仙娥，携歌扇，香烂漫，留住九华云一片。犀玉满头花满面，负妾一双偷泪眼。泪珠若得似真珠，拈不散，知何限，串向红丝应百万。

此一首，情词宛转深刻，不让温飞卿韦端己，当是文人之笔。其余诸章，语颇质俚，殆皆当时歌唱脚本也。

韦庄的《秦妇吟》①

秦妇吟

右补阙韦庄　撰

中和癸卯春三月，洛阳城外花如雪。东西南北路人绝，绿杨悄悄香尘灭。路傍忽见如花人，独向绿杨阴下歇。凤侧鸾欹鬓脚斜，红攒黛敛眉心折。借问"女郎何处来？"含嚬欲语声先咽。回头敛袂谢行人，"丧乱漂沦何堪说！三年陷贼留秦地，依稀记得秦中事。君能为妾解金鞍，妾亦与君停玉趾。

"前年庚子腊月五，正闲金笼教鹦鹉，斜开鸾镜懒梳头，闲凭雕阑慵不语，忽看门外起红尘，已见街中擂金鼓，居人走出半仓惶，朝士归来尚疑误。是时西面官军入，拟向潼关为警急，皆言博野自相持，尽道贼军来未及。须臾主父乘奔至，下马入门痴似醉，适逢紫盖去蒙尘，已见白衣来迎地。扶羸携幼竟相呼，上屋缘墙不知次；南邻走入北邻藏，东邻走向西邻避。北邻诸妇咸相凑，户外崩腾如走兽。轰轰崐崐（一作嶷嶷）乾坤动，万马雷声从地涌，火迸金星上九天，十二天街烟烘焖。日轮西下寒光白，上帝无言空脉脉。阴云晕气（一作起）若重围，官（一作宜）者流星（一作星流）如血色。紫气潜随帝座移，妖光暗射台星拆。家家流血如泉沸，处处冤声声动地。舞伎歌姬尽暗损（一作捐），婴儿稚女皆生弃。东邻有女眉新画，倾国倾城不知价，长戈拥得上戎车，回首香闺泪盈把。旋抽金线学缝旗，扶上雕鞍教走马。有时马上见良人，不敢回眸空泪下。西邻有女真仙子，一寸横波剪秋水，妆成只对镜中春，年幼不知门外事。一夫跳跃上金阶，斜袒半肩欲相耻。牵衣不肯出朱门，红粉香脂刀下死。

---

① 1924 年正月，王国维重录伯希和所寄《秦妇吟》影本，并题记。

南邻有女不记姓，昨日良媒新纳聘，琉璃帘外不闻声，翡翠楼间空见影。（维案，"外不闻声，翡翠楼"七字，原钞脱去，据伦敦一残本补。）忽看庭际刀刃鸣，身首支（维案，支当作分）离在俄顷（一作倾）。仰天掩面哭一声，女弟女兄同入井。北邻少妇行相促，旋抵（一作衔）云鬟拭眉绿，已闻击托坏高门，不觉攀缘上重屋。须臾四面火光来，欲下危梯梯又摧，烟中大叫犹求救，梁上悬尸已作灰。妾身幸得全刀锯，不敢踟蹰久回顾。旋梳蝉鬓逐军行，强展娥眉出门去。旧里从兹不得归，六亲自此无寻处！

"一从陷贼经三载，终日惊忧心胆碎。夜卧千重剑戟围，朝飧一味人肝脍（一作鲙）。鸳帏纵入讵成欢，宝货虽多非所爱。蓬头面垢狼眉赤，几转横波看不得。衣裳颠倒语言异，面上夸功雕作字。柏台多士尽狐精，兰省诸郎皆鼠魅。还将短发戴华簪，不脱朝衣缠绣被。翻持象笏作三公，倒佩金鱼为两史。朝闻奏对入朝堂，暮见喧呼来酒市。

"一朝五鼓人惊起，叫啸喧争如窃议。'夜来探马入皇（一作黄）城；昨日官军收赤水。'赤水去城一百里，朝若来（一作发）兮暮应至。凶徒马上暗吞声，女伴闺中潜失喜，皆言冤愤此是（维案，是当作时）销，必谓妖徒今日死。逡巡走马传声急，又道军前全阵入，大彭小彭（维案，彭，伦敦残本作台）相顾忧，二郎四郎抱鞍泣。泛泛数日无消息，必谓军前已衔璧。簸旗掉剑却来归，又道官军悉败绩！

"四面从兹多厄束，一斗黄金一升粟。尚让营中食木皮，黄巢机上刲人肉。东南断绝无粮道，沟壑渐平人渐少。六军门外倚僵尸，七架营中填饿莩。长安寂寂金（一作今）何有，废市荒街麦苗秀。采樵斫尽杏园花，修寨株（一作诛）残御沟柳。华轩绣毂（一作縠；维按，当作縠）皆销散，甲第朱门无一半。含元殿上狐兔行，花萼楼前荆棘满。昔时繁盛皆埋没，举目凄凉无故物。内库烧为锦绣灰，天街踏尽公卿骨！

"来时晓出城东陌，城外风烟如塞色。路傍时见游弈军，坡下寂无迎送客。霸陵东望人烟绝，树锁骊山金翠灭。大道俱城（一作但成）棘子林，行人夜宿长（一作墙）匡月。明朝晓至三峰路，百万人家无一户。破落田园但有蒿，摧残竹树皆无主。路傍试问金天神，金天无语愁于人。庙中古柏有残桄，殿上金炉生暗尘。'一从狂寇陷中围（维案，围，当作国），天地晦冥风雨黑。桉前神水咒不成，壁上阴兵驱不得。闲日徒歆奠乡思，危时不助神通力。我今愧恶拙为神，且向山中深避匿。寰中箫管不曾闻，筵上牺牲无处觅。旋教魑鬼傍乡村，诛剥生灵过朝夕。'妾闻此语愁更愁，天遣时灾非自由。神在山中犹避难，何须责望东诸侯！

"前年又出杨震关，举头云际见荆山，如从地府到人间，顿觉时清天地闲。陕州主帅忠且贞，不动干戈惟守城。蒲州主帅能戢兵，千里晏然无戈（维案，戈，当作鼓）声。朝携宝货无人问，夜插金钗惟独行。

"明朝又过新安东，路上乞浆逢一翁，苍苍面带苔藓色，隐隐身藏蓬荻（维案，荻，当作荻）中。问翁'本是何乡曲？底事寒天霜露宿？'老翁踅起欲陈词，却坐支颐仰天哭，'乡园本贯东畿县（贯，一作管），岁岁耕桑临近甸。岁种桑（一作良）田二百埂（一作廛），年输户税三千万。小姑惯织褐绒袍，中妇能炊红黍饭。千间仓兮万丝箱，黄巢过后犹残半。自从洛下屯师旅，日夜巡兵入村坞。迍（一作匣）中秋水拔青蛇，旗上高风吹白虎。入门下马若旋风，罄室倾囊如卷土。家财既尽骨肉离，今日垂（维案，垂，当作残）年一身苦。一身苦兮何足嗟，山中更有千万家，朝饥山草寻蓬子，夜宿霜中卧荻（一作荻）花！'

"妾闻此父伤心语，竟日阑干泪如雨。出门惟见乱枭鸣，更欲东奔何处所。仍闻汴路（一作洛下）舟车绝，又道彭门自相煞。野色徒销战士魂，河津半是冤人血。适闻有客金陵至，见说江南风景异（风景，一作凤影），自从大寇犯中原，戎马不曾生死（一作四）鄙，诛锄（一作除）窃盗若神功，惠爱生灵如赤子。城壕固护教金汤，赋税如云送军垒。如何四海尽滔滔，堪然一境平如甄（维案，甄，当是砥字之讹，古砥字每书作甄）。避难徒为阙下人，怀安却羡江南鬼。愿君举棹东复东，咏此长歌献相公。"

《秦妇吟》一卷。

天复伍年乙丑岁十二月十五日，敦煌郡金光明寺学仕张龟写。（右巴黎国民图书馆藏本。）

贞明五年己卯岁四月十一日,敦煌郡金光明寺学仕郎安友盛写讫。
(伦敦博物馆藏本。诗中注一作某者,当据此本。)

甲子正月,法国伯希和教授录寄。观翁重录。

前年见日本狩野博士所录伦敦博物馆所藏残本,自"南邻走入北邻藏"至"诛剥生灵过朝夕"句止,余以篇中有"内库烧为锦绣灰"二句,据《北梦琐言》知为韦庄《秦妇吟》。后见巴黎图书馆《敦煌书目》有《秦妇吟》一卷,因迻书伯希和教授属为写寄。越四年,教授乃以此本见寄,并以伦敦另一足本校之,遂为完璧。观翁并记。

唐写本回文诗跋[①]

右回文诗,由中心至边旁读之,得五言八句。

[①] 此跋作于1919年,《王国维遗书》失收。

唐写本《季布歌》、《孝子董永传》残卷跋①

　　二残卷皆用七言叙故事。《季布歌》与《史》、《汉》本传合，《巴黎书目》亦有之。《董永传》与《御览》四百十一所引刘向《孝子传》合。

---

① 此跋作于1919年，收入《观堂别集》。

宋椠《大唐三藏取经诗话》跋①

宋椠《大唐取经诗话》三卷，日本高山寺旧藏，今在三浦将军许。阙卷上第一叶，卷中第二、三叶。卷末有中瓦子张家印款一行。中瓦子为宋临安府街名，倡优、剧场之所在也。吴自牧《梦粱录》卷十九云："杭之瓦舍内外合计有十七处，如清冷桥熙春楼下谓之南瓦子，市南坊北三元楼前谓之中瓦子。"又卷十五："铺席门保佑坊前张官人经史子文籍铺，其次即为中瓦子前诸铺。"此云"中瓦子张家印，"盖即《梦粱录》所谓"张官人经史子文籍铺"。南宋临安书肆若太庙前尹家、太学前陆家、鞔鼓桥陈家所刊书籍，世多知之，中瓦子张家惟此一见而已。此书与《五代平话》、《京本小说》及《宣和遗事》体例略同，三卷之书共分十七节，亦后世小说分章回之祖。其称"诗话"非唐、宋士大夫所谓诗话，以其中有诗有话故得此名。其有词有话者则谓之"词话"，《也是园书目》有宋人词话十六种，《宣和遗事》其一也。词话之名，非遵王所能杜撰，必此十六种中有题词话者。此书有诗无词，故名诗话，皆《梦粱录》、《都城纪胜》所谓说话之一种也。书中载玄奘取经。皆出猴行者之力，即《西游演义》之所本。又考陶南村《辍耕录》所载院本名目，实金人之作，中有《唐三藏》一本。《录鬼簿》载元吴昌龄杂剧有《唐三藏西天取经》，其书至国初尚存。《也是园书目》有吴昌龄《西游记》四卷，曹楝亭《书目》有《西游记》六卷，无名氏《传奇汇考》亦有《北西游记》云。今用北曲元人作，盖即昌龄所撰杂剧也。今金人院本、元人杂剧皆佚，而南宋人所撰话本尚存，岂非人间希有之秘笈乎！闻日本德富苏峰尚藏一大字本，题《大唐三藏取经记》，不知与小字本异同何如也。乙卯春。

---

① 跋作于1913年，收入《观堂别集》卷三。

明黄勉之刻《楚辞章句》跋①

明吴中黄勉之刻《楚辞章句》十七卷，丁巳春得于上海。行款古雅，实出宋椠。书中不避宋讳，然目录自《九章》至《九思》，均有"传"字，与洪兴祖补注所引一本合。题名二行，旧云"汉护左都水使者光禄大夫臣刘向集，后汉校书郎王逸章句"，此本改为"汉刘向子政编集王逸叔师章句"，并为一行，而加"后学四蜀高弟、吴郡黄省曾校正"一行，其余犹宋本旧式也。旧为张船山藏书，前有张问陶印。小除夕记。

---

① 此跋作于1917年，收入《观堂别集》卷三。

蒙古刊《李贺歌诗编》跋[①]

案：赵行[②]跋，题丙辰者，蒙古宪宗六年。双溪中书君者，耶律丞相铸也。盖蒙古刊本，非金刊本也。

又案：《元史·耶律希亮传》："宪宗尝遣铸核钱粮于燕，铸曰：'臣先世皆读儒书，儒生俱在中土，愿携诸子至燕受业。'宪宗从之，乃命希亮师事业平赵行，时方九岁。岁丙辰，宪宗召铸还和林，希亮独留燕。"此本赵行跋中述双溪中书君，出所藏旧本，全与希亮传年月相合，是此本为蒙古宪宗丙辰所刊无疑矣。

何义门《跋》，以龙山为刘致君号，非也。《秋涧集》（四十三）《西岩赵君文集》云："西岩崛起畎亩，从龙山吕先生学。"又云："虎岩、龙山二公，挺英迈不凡之材，挟迈往凌云之气，雅为中书令耶律公宾礼，至令其子双溪从之问学，由是赵、吕之学，自为燕、蓟一派。"《玉堂嘉话》（一）记吕逊尝谈赵著、吕鲲以诗鸣燕、赵间。二人皆出耶律相门下。虎严每得一联一咏，即提掷其帽于几，龙山从旁谓曰："不知李、杜平时费多少帽子。"闻者为之捧腹。是龙山乃吕鲲字，刘致君辈行较高，不得至蒙古时尚在也。乙丑夏五又记。

---

① 此跋作于1925年，收入《观堂别集》卷三。
② "行"，四部丛刊本作"衍"。

宋刊《分类集注杂工部诗》跋[①]

壬戌

此书所集诸家注，其名重者，率伪作也。东坡注之伪，宋洪容斋已言之。余如王原叔，仁宗时人，徵引新史，犹可说也，乃引沈存中《梦溪笔谈》，岂不可笑。盖书肆中人一手所为也。观翁、□□□《杜诗须读编年本》、《分类本》，最可恨。

偶阅数篇注，支离可哂。少陵名重，身后乃遭此酷，真不幸也！

---

① 此跋作于1922年，收入《观堂别集》卷三。

明钞《北硐集》跋①

明钞《北硐集》十卷，颇有讹阙。孟蘋既假涵芬楼所藏宋刊本校前八卷，而宋本阙后二卷，乃寄此二卷至京师，属余就图书馆所藏陆存斋捐入南学本校之。陆本前录吴瓯亭跋，谓出马氏小玲珑馆宋本。其卷十《空圣予哀辞》上有校语云："以下宋本阙"，则似亦以宋本校过也，然其本讹脱，乃较此明钞本尤多，然亦有足以正此本之误者。天寒晷短，予以二日之力始校毕，并录吴跋于后。癸亥十月二十日，记于京师履道坊之寓庐。

---

① 此跋作于1923年，收入《观堂别集》卷三。

元刊《伯生诗续编》跋①

《伯生诗续编》三卷，后至元庚辰刘氏日新堂刊。案：文靖《道园学古录》刊于至正元年，《道园遗稿》刊于至正十四年。《翰林珠玉》未详刊刻时代，然已分《在朝稿》、《归田稿》，当在《学古录》之后。现存虞诗中，以此刊为最古矣。编中诗见于《学古录》者，惟卷上《送家兄孟修还江南》，卷中《商德符幽篁古木》，卷下题《织锦回文》三首，余并未见。至虞胜伯（堪）编遗稿，始多收之，疑即据是编。然如卷上《送熊太古下第归》、《牧牛歌》、《卢峰秋夕》三首，卷中《谢人惠棕雨笠》二首之一，卷下《金丹五颂》、《题能静斋皇出游图宫词》、《西湖景手卷偶题》，共十首，并遗稿所未载，恐胜伯别有所据，未必见是编矣。卷末附叶氏《四爱堂诗卷》并文靖序，此卷亦载《皇元风雅后集》卷四。以校是编，多太玄天师、太乙子詹、厚斋、吴月湾、彭孟圭、李绚斋、吴讷山诸人题咏，而此编《谢草庭诗》前有小序，亦《风雅》所未载，盖各从原卷选录。《风雅》虽刊于至元丙子，在此刻前四年，此却非从《风雅》抄出也。文靖一序，《学古录》亦不载，惟《钱梅野诗序》，则遗稿收之耳。此刻虽出坊肆，而字画清析，可与蒋易《国朝风雅》相伯仲，在元季刊本中，实为上驷矣。丙寅仲冬。

《宫词》一绝，见《萨天锡集》。杨瑀《山居新话》亦以为天锡诗，宜胜伯不收入遗稿中也。又记。

---

① 此跋作于1926年，收入《观堂别集》卷三。

《顾亭林文集》跋[①]

先生文集诗集，皆手自编定。文集与诗集本各五卷，至第六卷，则次耕先生所增辑，故与全集体例不符，其编次亦不如前五卷之善。全谢山谓诗文集皆次耕编辑者，误也。此事至微，惟明眼人能辨之。

先生于康熙己未（十八年）作《春雨》诗曰："平生好修辞，著集逾十卷。"此诗文集十卷为手编之证。其云"逾十卷"者，亦约言之耳。

---

① 此跋收入《观堂别集》卷三。

《南唐二主词》跋①

　　右南词本《南唐二主词》，与常熟毛氏所钞无锡侯氏所刻，同出一源，犹是南宋初辑本，殆即《直斋书录解题》所著录宋长沙书肆所刊行者也。直斋云："卷首四阕，《应天长》《望远行》各一、《浣溪沙》二，中主所作，重光尝书之，墨迹在盱江晁氏。"今此本正同。又注中引曹功显节度、孟郡王、曾端伯诸人。案：功显，曹勋字。《宋史》勋本传："以绍兴二十九年拜昭信军节度使，孝宗朝，加太尉，提举皇城司开府仪同三司。淳熙元年卒，赠少保。"又《外戚传》："孟忠厚以绍兴七年封信安郡王，绍兴二十七年卒。"曾端伯慥，亦绍兴时人。以此数条推之则编辑者当在绍兴之季，曹功显已拜节度之后，未加太尉之前也。且半从真迹编录，尤为可据。故如式写录，另为补遗，及校勘记附后。诸本得失，览者当自得之。宣统改元春三月。

---

① 此跋作于1909年，收入《观堂别集》卷三。

《赤城词》跋[①]

案：陈振孙《直斋书录解题》歌词类："赤城词一卷，陈克子高撰"。而诗集类，又有子高《天台集》十卷，外集四卷，长短句三卷。是子高词，在宋末已有二本矣。今二本皆佚，此本从曾慥《乐府雅词》抄出，亦传世蒲江东泽之流亚也。宣统改元三月，过录樊榭老人手钞《宋元四家词》本。

---

① 此跋作于1909年，收入《观堂别集》卷三。

《双溪诗馀》跋[1]

壬子夏日,于董氏诵芬室见《双溪文集》残本(明嘉靖刊)。幸诗余尚全,因假归令儿子潜明影写之。此集传世甚稀,竹垞纂《词综》时,未见此书。此本乃嘉靖十二年所刊,前有潘滋序。计为书十七卷,与文渊阁之二十七卷,编次不同。目录家亦罕见著录,词虽不甚工,亦一家眷属也。

---

[1] 此跋作于1912年,收入《观堂别集》卷三。

《王周士词》跋[①]

《王周士词》一卷，宋王以凝撰。以凝字周士，湘潭人。由太学生仕鼎澧帅幕。靖康初，征天下兵，以凝走鼎州，乞解太原围。建炎中，以宣抚司参谋制置襄邓。是编依毛晋汲古阁旧钞过录，凡三十一首。以凝词句法精壮，如"和虞彦恭寄钱逊升"《蓦山溪》一阕，"重午登霞楼"《满庭芳》一阕，"舣舟洪江步下"《浣溪沙》一阕，绝无南宋浮艳虚薄之习，其他作亦多类是也。

[①] 此跋作于1908年，收入《观堂别集》卷三。

《蜕岩词》跋[①]

《蜕岩词》二卷,厉樊榭先生校本,长塘鲍氏刻入《知不足斋丛书》。此乾隆间旧抄,亦从鲍出,所缺字略同。唯上卷《南浦词》自注"舣舟南浦,因赋题",鲍刻漏"赋题"二字,知从钞本出,不从刻本出矣。宣统改元闰二月,取鲍刻校勘一过,并录厉跋,因记于后。

[①] 此跋作于1909年,收入《观堂别集》卷三。

《鸥梦词》跋[1]

江山刘彦清先生（履芬）《鸥梦词》手稿一卷，光绪乙巳得于吴中。上有彦翁手录，同时词人评骘商榷之语，小者杜小舫（文澜），少者勒少仲（方锜），瘦者潘瘦羊（锺瑞）也。宣统改元夏四月。

---

[1] 此跋作于1909年，收入《观堂别集》卷三。

《词林万选》跋①

此汲古阁刻《词苑英华》中一种也。《提要》疑升庵原本已佚，此为后来依托，并历举其考证之疏。然考证之疏，自是明人通病，且其中颇有与《升庵词品》印证之处，未必即为依托也。前有焦氏藏书印，乃理堂先生故物，尤可宝也。光绪戊申秋七月，积暑初退，于厂肆得此本，喜而志之。

---

① 此跋作于1908年，收入《观堂别集》卷三。

明熊忠节题稿跋[①]

宋人论汉代文书之速，举赵充国《陈兵利害书》，以六月戊申奏，七月甲寅玺书报从。按辛武贤与充国之争，所系甚巨，利害亦未易决，而自戊至甲，七日已报其奏，宜充国之有成功也。此疏上于崇祯十五年十二月二十六日，至十六年六月初九日始奉圣旨：该部知道。疏中所言士[马]之馁、军备之弛，皆间不容发之事，又非赵、辛议论不同之比，而迟[至]半年始下兵部，何其缓也！且大清兵入塞，在十五年十一月，北归在[十]六年夏四月，明季政事之丛脞，已可概见。此时忠节已得罪南徙，而[下]此疏者，思宗有悔意欤？壬戌十一月。

此跋作于1922年，收入《观堂别集》卷三。

明太傅朱文恪公手定册立光宗仪注稿卷跋[1]

此卷旧为朱氏家藏，今归吾友蒋孟蘋学部。案：竹垞先生《史馆上总裁第六书》及《书先太傅奏疏尺牍卷后》，并云"册立旨下仪注、皆先公预定，出诸袖中"盖即据此文恪《手定仪注》为说也。《上总裁书》又言，公上言国朝册立东宫，无谒谢贵妃四拜之礼，宣德、嘉靖旧仪，与今有别，故实录特书。是年礼臣，悉从裁革。今此稿中，皇太子有拜母妃、无拜皇贵妃事，则竹垞之言信矣。又稿中本有一内侍引皇太子诣恭妃前行四拜礼，一内侍引□王诣皇贵妃前，□王诣端妃前，各行四拜礼二条，文恪删之，而于末增入一内侍引皇太子亲王各诣母妃前行四拜礼一条，盖时福王母已为皇贵妃，而皇太子母尚为恭妃，与端王母端妃名位不殊，言之不顺，故以母妃二字浑括，此等处极有用意。昔竹垞言其家有客堂，所藏文恪手迹，多至四楹，经乱尽失之。既而搜访掇拾，五十年装界成六册，皆奏疏尺牍也。此卷既非疏稿，又系折本，当不在所装六册之内。今六册者，不知存佚。而此卷独存，足以见前代大臣之用心，是足珍已。辛酉孟冬。

---

[1] 此跋作于1921年，收入《观堂别集》卷三。

涧上草堂会合诗卷跋[①]

右杨潜夫、徐俟斋、贯时、朱柏庐四先生会合诗，俟斋复为之序。诗与序俱不见居易堂集中，盖缘少作删之。是岁俟斋居金墅墓庐，柏庐自昆山徒步诣之。贯时本居城中吴趋里第，因柏庐远来，故与潜夫俱来会也。卷中诗之先后，以齿为序。是岁潜夫年三十三，俟斋年二十八，柏庐年二十三，贯时生年虽无可考，然诗在柏庐前，当长于柏庐数岁矣。此为徐、朱被家难后第一次会合，俟斋诗云"灵均仍楚官，鲁连甘秦坑"二语，分指其父文靖及朱节孝先生。又云"胡为余小子，身重发肤轻"，则自谓乙酉冬在松陵被获髡首事也。顷上虞罗叔言参事作《俟斋先生年谱》，始及俟斋与贯时参辰之事。观于顺治戊戌俟斋大病濒死，贯时乃不闻问，则参事之言殊信。此卷前于戊戌者十年，贯时尚至山中，则其兄弟参池，当在数年以后矣。庚申夏五。

[①] 此跋作于1920年，收入《观堂别集》卷三。

乾隆诸贤送曾南邨守郴州诗卷跋[①]

壬戌

卷中竹汀先生诗十章，不载《潜研堂诗集》中。末有大昕、及之二印。及之为先生旧字，人间亦罕知者。案：先生弟大昭字晦之，则先生宜字及之也。此卷题诗，皆雍、乾老辈，其有诗集行世者，惟竹汀先生《潜研堂诗集》耳。

---

① 此跋作于1922年，收入《观堂别集》卷三。

片玉词①

曩读周清真《片玉词》《诉衷情》一阕（《片玉集》《清真集》均不载）曰："当时选舞万人长，玉带小排方。喧传京国，声价年少最无量。"按：排方、玉带，乃宋时乘舆之服。岳倦翁《愧郯录》（十二）："国朝服带之制，乘舆东宫以玉，大臣以金，勋旧间赐以玉，其次则犀则角。"此不易之制，考之典故，玉带，乘舆以排方；东宫不佩鱼，亲王佩玉鱼，大臣勋旧佩金鱼。《石林燕语》七亦云："国朝亲王皆服金带，元丰中官制行，上欲宠嘉、岐二王，乃诏赐方团玉带，著为朝仪。先是乘舆玉带皆排方，故以方团别之。二王力辞，乞宝藏于家，而不服用，不许，乃请加佩金鱼，遂诏以玉鱼赐之，亲王玉带佩玉鱼，自此始。故事，玉带皆不许施于公服，然熙宁中，收复熙河，神宗特解所系带赐王荆公，且使服以入贺。荆公力辞，久之不从，上待服而后追班，不得已受诏，次日即释去。（维案：《临川集》卷十八《荆公赐玉带谢表》末云："退藏唯谨，知燕及于云来。"知"释去"之说不妄。）大观中，收复青唐，以熙河故事，复赐蔡鲁公，而用排方。时公已进太师，上以为三师礼当异，特许施于公服。辞，乃乞琢为方团，既以为未安，或诵韩退之玉带垂金鱼之礼，告以请因加佩金鱼。（《铁围山丛谈》、《挥麈前录》所记略同。）则排方玉带，实乘舆之制，臣下未有敢服者也。且宋时臣下受玉带之赐者，可以指数：太祖时，则有李彝兴、符彦卿、王审琦、石保吉；英宗时，则有王守约（保吉、守约均以主婿赐）；神宗时，则有王安石、嘉、岐二王；徽宗时，则有蔡京、何执中、郑居中、王黼、蔡攸、童贯、赵仲忽；钦宗时，则有李纲（上皇所赐）；南宋得赐者，文臣则有张浚、秦桧、史浩、史弥远、郑清之、贾似道；宗室则有居广士、辅玭、

---

① 此即《片玉词》跋语，作于1911年，收入《庚辛之间读书记》。

伯圭、师揆、师弥；勋臣则有刘光世、张俊、杨存中、吴璘；外戚则有吴益、谢渊、杨次山（何执中以下五人赐玉带事，见《石林燕语》，史弥远、赵师撩见《四朝闻见录》，贾似道、师弥，见《癸辛杂志》，馀见《宋史》本传及《玉海》卷八十六。）此外罕闻。唯《太祖纪》载建隆元年正月，以犀玉带偏赐宰相、枢密使及诸军列校，此行佐命之赏，未可据为典要。又《梦溪笔谈》二十二云："丁晋公从车驾巡幸，礼成，有诏赐辅臣玉带。时辅臣八人，行在只候库只有七带。尚衣有带，谓之'比玉'，价直数百万。上欲以赐辅臣，以足其数。"《容斋随笔》四驳之曰："景德元年，真宗巡幸西京。大中祥符元年，巡幸太山。四年，幸河中。丁谓皆为行在三司使，未登政府。七年，幸亳州，谓始以参知政事从。时辅臣六人：王旦、向敏中为宰相，王钦若、陈尧叟为枢密使，皆在谓上，谓之下尚有枢密副使马知节，即不与此说合，且既为玉带，而又名'比玉'，尤可笑。"洪氏之言如此。案：《宋史》《真宗纪》："大中祥符二年五月癸亥，以封禅庆成，赐宗室辅臣袭衣金带器币。"不云"玉带"。《旧闻证误》四引某书，谓"真宗尝遍以玉带赐两府大臣。"盖亦袭《笔谈》之误。夫以乘舆御服，大臣所不得赐，宰相亲王所不敢服，僭侈如蔡京，犹必琢为方团，加以金鱼而后敢用，何物倡优，乃以此自炫于万人之中，此事诚不可解，盖尝参互而得其说焉。《宋史》《舆服志》："太平兴国七年，翰林学士承旨李昉奏，奉诏详定车服制度，请从三品以上服玉带。"《旧闻证误》四引《庆元令》云："诸带三品以上得服玉，臣寮在京者，不得施于公服。"盖宋时便服并无禁令，故东坡曾以玉带施元长老，有诗见集中（《东坡集》十四）。其二曰："此带阅人如传舍，流传到我亦悠哉。锦袍错落真相称，乞与佯狂老万回。"味其诗意，不独东坡可服，似了元亦可服矣，至顺《镇江志》十九载此事云："公便服入方丈。"又云："师急呼侍者收公所许玉带。"则为便服束带之证。东坡赠陈季常《临江仙》词云："细马远驮双侍女，青巾玉带红靴。"亦其一证。陈后山《谈丛》后三集十九亦云："都市大贾赵氏，世居货宝，言玉带有刻文者，皆有疵疾，以蔽映耳，美玉盖不琢也。比岁杭扬二州化洛石为假带，色如瑾瑜，然可辨者，以其有光也。"观此，知宋时上下便服，通用玉带，故人能辨之。漫至倡优服饰，上僭乘舆，虽云细事，亦可见哲、徽以后政刑之失矣。

曩作《清真先生遗事》，颇辨《贵耳集》、《浩然斋雅谈》记李师师事之妄。今得李师师金带一事，见于当时公牍，当为实事。案《三朝北盟会编》三十："靖康元年正月十五日圣旨：'应有官无官诸色人，曾经赐金带，各据前项所赐条数自陈纳官。如敢隐蔽，许人告犯，重行断遣。'后有尚书省指挥云：'赵元奴、李师师、王仲端，曾经只候倡优之家，（中略）曾经赐金带者，并行陈纳。'"当时名器之滥如是，则玉带排方，亦何足为怪。颇疑此词或为师师作矣。然当时制度之紊，实出意外。《老学庵笔记》（一）言："宣和间，亲王公主及他近属戚里入宫，辄得金带关子。得者旋填姓名卖之，价五百千，虽卒伍屠酤，自一命以上，皆可得。"方腊破钱唐时，太守客次，有服金腰带者数十人，皆朱勔家奴也。时谚曰："金腰带，银腰带，赵家天下朱家坏。"然则徽宗南狩时，尽以太宗时紫云楼金带赐蔡攸、童贯等（见《铁围山丛谈》六），更不足道。以公服而犹若是，则便服之僭侈，更何待言。国家将亡，必有妖孽，殆谓是欤？

桂翁词[①]

　　《桂翁词》六卷（后题作《玉堂馀兴》），《鸥园新曲》一卷，明刊本，不题作者姓名，实贵溪夏文愍公言所作乐府也。前有吴一鹏、费寀、□仪三序，后有皇甫汸、石迁高二跋。目录后有二行，曰"嘉靖丙寅仲夏，金陵双泉童氏梓行"。第三序缺末页，自称名曰仪，中云："壬寅岁，仪缵领霸州之命，公属词书扇以为赠言。"今卷四中有"赠杨正郎仪升霸州兵备副使"《减字木兰花》一阕，知即常熟杨梦羽作也。杨序云："元相《桂翁词》六卷，初刻于吴郡，再刻于铅山，三刻于闽中。"吴郡本据吴序、皇甫跋，刊于嘉靖戊戌；铅山本据费序，刊于辛丑；闽本不见序跋，不识刊于何年。又据大名府知府石迁高跋，则庚子岁，畿南似亦有刊本，杨序略之。杨刻最后，在文愍再召之岁，始增《鸥园新曲》。此本又覆刊杨本。是嘉靖一朝，前后三十年间已六付剞劂，古今词家未曾有也。有明一代，乐府道衰，写情扣舷，尚有宋、元遗响。仁、宣以后，兹事几绝，独文愍以魁硕之才，起而振之，豪壮典丽，与于湖、剑南为近。方其得路，入正郊庙，出扈禁跸。一词朝传，万口暮诵，同时名公皆摹拟其体格，门生故吏争相传刻。虽居势使然，抑其风采文采，自有以发之者欤？洎夫再秉钧衡，独任边事，主疑于上，谗间于下，至于白首而对狱吏，朝衣而赴东市，进无帷盖之报，退靡盘水之恩，君臣之际，斯为酷矣！帝杀其躯，天夺其胤，怙权不如介溪，而刑祸为深；文采过于钤山，而著述独晦：身后之事，又可悲矣。然没不二十年，南都坊肆，乃复梓其遗集。维时永陵倦勤，华亭当国，虽靡投鼠之忌，宁无吠尧之嫌，岂文章事业，自有公论，有不可泯灭者欤？又以知生前诸刻，非尽出于属吏之贡谀也。此本旧藏怡邸，有明善堂书画印记、安乐堂藏书记二印。

[①] 此即《桂翁词》跋语，作于1911年，收入《庚辛之间读书记》。

花间集[1]

《花间集》十卷，明覆刊宋本。前有蜀广政三年武德军节度判官欧阳炯序，后有绍兴十八年济阳晁谦之跋。炯为孟蜀宰相，蜀亡，入宋为翰林学士。一作欧阳炳。苏易简《续翰林志》下谓："学士放诞，则有王著、欧阳炳。"又云："炳以伪署顺化，旋召入院，尝不巾不袜，见客于玉堂之上。尤善长笛，太祖尝置酒，令奏数弄。后以右貂终于西洛。"又作欧阳迥。《学士年表》："欧阳迥，乾德三年八月以左散骑常侍拜。（前日"右貂"，此云"左散骑常侍"，"左""右"必有一误）开宝四年六月，以本官分司西京，罢。"则与炳自为一人。此本与聊城杨氏所藏鄂州本，均作欧阳炯，恐炯字不误，炳与迥因避太宗嫌名而追改也。集中词十八家，温助教、皇甫先辈、韦相之次，有薛侍郎昭蕴。按：《唐书·薛廷老传》："廷老子保逊，保逊子昭纬，乾宁中至礼部侍郎，性轻率，坐事贬磎州刺史。"旧书略同。《北梦琐言》十："唐薛澄州昭纬，即保逊之子，恃才傲物，亦有父风。每入朝省，弄笏而行，旁若无人。好唱《浣溪沙》词。"今此集载昭蕴词十九首，其八首为《浣溪沙》。又称为薛侍郎，恐与昭纬为一人。"纬""蕴"二字，俱从系，必有一误也。李洵，则鄂州本作李珣，毛本亦同。《鉴诫录》四："李珣，字德润，本蜀中土生波斯也。少小苦心，屡称宾贡。所吟诗句，往往动人。尹枢书（鹗）者，锦城烟月之士也，与李生常为善友。遽因戏遇嘲之，李生文章扫地而尽。"诗曰："异域从来不乱常，李波斯强学文章。假饶折得东堂桂，胡臭薰来也不香。"《黄休复茅亭客话》亦纪其为波斯人，以异域之人，而所造若此，诚为异事。王灼《碧鸡漫志》屡称珣《琼瑶集》，其所举《倒排甘州》、《河满子》、

---

[1] 此即《花间集》跋语，作于1911年，收入《庚辛之间读书记》。

《长命女》、《喝驮子》四首，均此集与《尊前集》所未载。则南宋之初，蜀中尚有此书，未识佚于何时也。唐、五代人词有专集者，《南唐二主词》、《阳春集》，均宋人所编。飞卿《金荃词》，则系赝本。《金荃词》一卷，虽见顾嗣立《温飞卿诗集跋》谓有宋本，未知可信否。和凝《红叶稿》之名，则系竹垞杜撰。《凝红荣编》五卷，见于宋志者，乃制诰之文，（焦竑《国史经籍志》列之制诰类，其书竑时已亡，殆由其名定之是也。）非词集，亦非《红叶稿》也，唯珣《琼瑶集》，见于宋人所记，当为词人专集之始矣。

尊前集[①]

《尊前集》二卷，明刊本，题明嘉禾顾梧芳编次，东吴史叔成释。前有万历壬午梧芳自序，盖其自刊本也。梧芳序云："余素爱《花间集》，胜《草堂诗馀》，欲播传之。曩岁刻于吴兴茅氏，兼有附补。而余斯编，第有类焉。"其意盖以为自编也。毛氏《词苑英华》重刊此本，跋曰："雍、熙间，有集唐末五代词命名《家宴》，为其可以侑觞也。又有名《尊前集》者，殆亦类此，惜其本不传。嘉禾顾梧芳氏采录名篇，厘为二卷，仍其旧名"云云。则毛氏亦以此为梧芳自编也。唯朱竹垞《曝书亭集》跋此本则云："康熙辛酉冬，余留白下，有持吴文定公手钞本告售，书法精楷，卷首识以私印。取刊本勘之，词人之先后，乐章之次第，靡有不同，始知是集为宋初人编辑。"《四库总目》亦采其说，而颇以其名不见宋人书目为疑。余按：《碧鸡漫志》"清平乐"、"麦秀两歧"二条下，均引《尊前集》，《直斋书录解题》"阳春录"条下引崔公度序云："《花间》、《尊前》，往往谬其姓氏。"则宋时固有此书矣。且《南唐二主词》为高孝间人所辑，而《虞美人》以下八首，《蝶恋花》《菩萨蛮》二首，皆注见《尊前集》。今此本皆有之，惟阙《临江仙》一首，（恐顾氏以有阙字删去）则南宋人所见之本，与此本略同，至编次出何人手，不见纪载。唯《历代诗馀》引《古今词话》云："赵崇祚《花间集》载温飞卿《菩萨蛮》甚多，合之吕鹏《尊前集》，不下二十阕（按《古今词话》，一为宋杨湜撰，一为国朝沈雄撰。杨书已佚，颇散见宋人书中。此系不知杨书或沈书，然当有所本。）则以此集为吕鹏作。吕鹏亦罕见纪载。黄昇《花庵词选》李白《清平乐》下注："按：唐吕鹏《遏云集》，载应制词四首，后二首无清逸气韵，疑非太白所作。"

[①] 此即《尊前集》跋语，作于1911年，收入《庚辛之间读书记》。

今此本所载太白应制《清平乐》有五首，则与吕鹏《遏云集》不合。又欧阳炯《花间集序》云："明皇朝有李白应制《清平乐》四首。"则唐末宋初只有四首，末首自系后人羼入，然则此本虽非梧芳所编，亦非吕鹏之旧矣。此本前有邱舫朱文长印，即竹垞旧藏。而竹垞跋此书，乃云："不著编次人姓氏。"殆作跋时，未检原书，抑欲伸其宋初人编辑之说，故没其事也，不知明人所题编次纂辑等语，全不足据。此本亦题东吴史叔成释，何尝"释"一字耶？拈出此事，可供目录家一粲也。

草堂诗馀①

新刊《古今名贤草堂诗馀》（此疑宋人旧题）四卷，前有嘉靖己酉李谨序。序后有总目卷一标题。下有"皇明进士知歙县事四会南津李谨纂辑，歙县教谕秀州曾丙校次，歙丞、饶余、刘时济梓行"三行。卷四末有刘时济跋。李序及总目标题下，均有"三衢童子山刊行"一行。宣统己酉得于京师。按《草堂诗馀》行世者，以毛氏《词苑英华》本为广，次则沈际飞本，次则乌程闵氏朱墨本。近四印斋刻天一阁旧钞明嘉靖间闽沙太学生陈钟秀校刊本，世已惊为秘笈。余所见此书，别本独多：一嘉靖庚戌顾从敬刊本，一嘉靖末安肃荆聚刊本，一万历李廷机刊本，一嘉靖己酉李谨刊本，即此本也。荆聚本在唐风楼罗氏，馀三本均在敝箧。综而观之，可分为二类：一分调编次者，以顾从敬本为首，李廷机、闵□□、沈际飞、毛晋诸本祖之；一分类编次者，此本与陈钟秀本、荆聚本皆是。然此三本，又自不同：陈钟秀本二卷，而此本与荆聚本则俱四卷。陈本分时令、节序、怀古、人物、人事、杂咏六类，而此本则首天时、次地理、次人物、次人事、次器用、次花鸟，亦为六类，次第亦复不同。陈本故有注，王氏重刊时已删去大半。荆聚本亦有注，讹脱殊甚。唯此本正文注文，首尾完具。故分调编次之本，以顾本为最善，分类编次之本，当以此本为最善矣。至分调与分类二种，孰先孰后，尚一疑问。顾本与此本同为四卷，均与《书录解题》卷数不合。顾本据何元朗序，谓出顾氏家藏宋本，比世所行多三十馀调，近临桂王鹏运始疑为明人羼乱之本。书中题武陵顾从敬编次，似其确证。然明人所题编次纂辑等语，全不足据，已于跋《尊前集》时言之。今案：王楙《野客丛书》二十四

---

① 此即《草堂诗馀》跋语，作于1911年，收入《庚辛之间读书记》。

云：“《草堂诗馀》载张仲宗《满江红》词'蝶粉蜂黄都褪却'，注：蝶粉蜂黄，唐人宫妆。"李本无此词，顾本则题周美成，在张仲宗、晁无咎二词之后。今《清真集》、《片玉集》、《片玉词》均有此词（程大昌《演繁露续集》四亦以此为美成词），自系周作。其误以为张仲宗者，殆王楙所见，已为分调编次之本，或原脱人名，或因其前后相接而误忆也。则顾本出宋本之说，自尚可信。否则，张词题为《春暮》，当入时令类，周词题为《春闺》，当入人事类，二词虽同一调，无从牵合也。至此本编次，与周邦彦《清真集》、《片玉集》、赵长卿《惜香乐府》相同，自是宋人体例。注虽芜累，分明出宋人手。如卷四东坡《水龙吟·咏笛》词"梁州初遍"，注曰："初遍，谓如今乐府诸大曲凡数十解。于撷前则有排遍，撷后则有延遍，初遍岂非排遍之首解。"云云。此数语，证以史浩《鄮峰真隐漫录》卷四十五所有大曲，无一不合，非元以后人所能知，自系宋人之注。即云此注采之他书，然傅干注坡词，与顾禧补注东坡长短句，元时已少见，又元延祐本《东坡乐府》，亦无注解，则定为宋人所注，当无大误。要之，宋时此书，必多别本，故顾本与此本，编次绝殊，不碍其为皆出宋本。然在宋本之中，则此先彼后，自有确证。顾本每词必有一题，勘以宋人本集，往往不合。然细考之，则顾本之题，如春景、夏景、秋景、冬景、春恨、春闺、立春、元宵之属，皆此本六大目之子目，是分调之时，必据分类本，而以其子目冠于词上，踪迹甚明。此实先有分类，后有分调本之铁案也。又顾本附词话若干条，皆见此本注中，殆祖本亦有注，而顾重刊时删去欤？

《玉溪生诗年谱会笺》序①

善哉，孟子之言诗也，曰："说《诗》者不以文害辞，不以辞害志；以意逆志，是为得之。"顾意逆在我，志在古人，果何修而能使我之所意，不失古人之志乎？此其术，孟子亦言之曰："诵其诗，读其书，不知其人，可乎？是以论其世也。"是故由其世以知其人，由其人以逆其志，则古诗虽有不能解者，寡矣。汉人传诗，皆用此法，故四家诗皆有序。序者，序所以为作者之意也。《毛序》今存，鲁诗说之见于刘向所述者，于诗事尤为详尽。及北海郑君出，乃专用孟子之法以治诗。其于诗也，有谱、有笺。谱也者，所以论古人之世也；笺也者，所以逆古人之志也。故其书虽宗毛公，而亦兼采三家，则以论世所得者然也。又《毛诗序》以《小雅·十月之交》、《雨无正》、《小旻》、《小宛》四篇，为刺幽王作，郑君独据《国语》及纬候以为刺厉王之诗，于谱及笺，并加厘正。尔后王基、王肃、孙毓之徒，申难相承，泊于近世，迄无定论。逮同治间，函皇父敦出于关中，而毛、郑是非，乃决于百世之下。（《敦铭》云："涵皇父作《周嬺盉尊器敦》鼎自豕鼎降十又两罍两壶周嬺其万年子子孙孙永宝用。周嬺犹言周姜，即函皇父之女，归于周，而皇父为作媵器者。十月之交艳妻，《鲁诗》本作阎妻，皆此敦函之假借字。函者其国，或氏、嬺者其姓，而幽王之后，则为姜为姒"均非嬺娃。郑长于毛，即此可证。）信乎论世之不可以已也。故郑君序《诗谱》曰："欲知源流清浊之所处，则循其上下而省之；欲知风化芳臭气泽之所及，则旁行而观之。"治古诗如是，治后世诗亦何独不然？余读吾友张君孟劬《玉溪生年谱》，而益信此法之不可易也。有唐一代，惟玉溪生诗，词旨最为微晦。遗山论诗，已有"无人作郑笺"之叹。三百年来，治之者近十家，盖未尝不以论世为逆志之具。

---

① 此序作于1917年，收入《观堂集林·缀林》。

然唐自大中以后，史失其官，《武宗实录》亦亡于五季。故新旧二书，于会昌后事，动多疏舛。后世注玉溪诗者，仅求之于二书，宜其于玉溪之志多所扞格也。君独旁搜远绍，博采唐人文集说部及金石文字，以正刘、宋二书之失。宋次道之补亡，吴廷珍之纠缪，君殆兼之而一寄于此谱。以古书例之，朱、冯诸君之书，齐、鲁、韩、毛之序也，君书则郑君之谱及笺也。其所考定者，固质诸古而无疑，其未及论定者，亦将得其证于百世之下。郑君说《小雅·十月之交》，其已事也。君尝与余论浙东西学派，谓浙东自梨洲、季野、谢山以讫实斋，其学多长于史，浙西自亭林、定宇以及分流之皖、鲁诸派，其学多长于经；浙东博通，其失也疏，浙西专精，其失也固。君之学，固自浙西入，而渐渍于浙东者，故曩为《史微》，以史法治经、子二学，四通六辟，多发前人所未发。及为此书，则又旁疏曲证，至纤至悉，而孰知其所用者，仍先秦两汉治经之家法也。故述孟子、郑君之言，以序君书，意亦君之所首肯乎？丁巳六月。

《敬业堂文集》序[①]

吾乡查他山先生《敬业堂文集》二册，不分卷，后有吴槎翁跋，面叶隶书十二字，亦似槎翁手书，盖源出拜经楼钞本，而吴本又传自海盐张泅舫者也。先是，他山先生冢孙岩门（岐昌）辑此集，稿藏花溪倪氏六十四砚斋，陈简庄（鳣）首录一本，张泅舫从之传录，吴氏又录张本，紫溪王氏（简可）复从吴本录之。未几而倪本、吴本俱毁于火，槎翁又从紫溪传录，有跋见海昌艺文志中。此则从吴氏第一次写本出，疑即王紫溪本也。先生外曾孙陈半圭（敬璋），又从王氏录得一本，编为四卷，并撰年表冠其首。今张、吴、二陈本俱不传，则是本益足贵矣。此邑人张君渭渔藏书。当吾之世，吾宁言收藏者推渭渔，宁固文献之邦也。康、雍之际，他山先生得树楼，与马寒中（思赞）道古楼，并以藏书著闻东南。至乾、嘉间，吴氏拜经楼，陈氏向山阁之藏，乃与吴、越诸大藏书家埒，而蒋氏生沐（光煦）之东湖草堂，寅昉（光焴）之宝彝堂，为之后劲。其馀如松霭周氏（春），耕崖周氏（广业），绿窗钱氏（馥），淳溪管氏（庭芬），皆有藏书。马、吴、周、蒋诸家，亦颇旁搜金石书画，而陈受笙（均）、马古芸（锦）、胡帝石（荣）、释六舟（达受）遂以之名其家。其后诸家之藏，颇或散佚，至咸丰赭冠之乱，遂扫地以尽，其幸而存者，蒋氏宝彝堂一家而已。乱后，收藏家若钱铁江大令（保塘），若唐嵩甫明经（仁嘉），若孙铨伯司马（凤钧），皆宦学于外，所藏或持归，或否，世莫得而窥焉。故自余童卯以至弱冠，居乡之日，未尝见一旧本书，一金石刻，盖三百年来，文献尽矣。既光、宣之间，始得渭渔。渭渔长余三四岁，当就傅时，书塾相望也。顾余未尝习渭渔，后颇闻渭渔弃举子业，攻金石书画。光绪乙巳，

[①] 此序作于1921年，收入《观堂集林·缀林》。

余归自吴门,渭渔访余于西城老屋,出唐解元芍药、马湘兰兰石小幅,相与把玩移晷。嗣后遂不复相闻,惟闻人言渭渔学益进,藏益富。逮丙辰春,余自海外归,欲尽览渭渔之所藏,而渭渔则死矣。初,同光之间,硖川朱苓年明经颇搜罗乡先辈遗著,其藏书,渭渔尽得之。而六舟上人所藏北齐武定玉造象,当时为构玉佛庵者,亦归于渭渔。渭渔又时往来吴、越间,所至有获,亦不复以乡邦文献自限。使天假之年,行当与查、马、吴、陈诸家抗衡,乃年甫逾四十而殁,殁后遗书遗器及金石拓尚塞破数屋,均未整比,斯不能不为吾邑文献惜也。辛酉春日,渭渔友人仁和姚君虞琴,将刊印是书,属余序其首。余感是书因渭渔而传,又念三百年来,吾邑收藏家,以他山先生始,以渭渔终,故略述渭渔行事,俾附以不泯焉。

《彊村校词图》序①

古者卿大夫老则归于乡里。大夫以上曰"父师",士曰"少师",皆称之曰"乡先生"。与于乡饮酒乡射之礼,则谓之"遵"。"遵"者,以言其尊也。席于宾主之间者,以言其亲也。乡之人尊而亲之,归者亦习而安之,故古者有去国,无去乡。后世士大夫退休者,乃或异于是。如白太傅之居东都,欧阳永叔之居颍上,王介甫之居金陵,盖有不归其乡者矣,然犹皆其平生游宦之地,乐其山川之美,而习于其士大夫之情,非欲归老其乡而不可得也。至于近世,抑又异于是。光、宣以来,士大夫流寓之地,北则天津,南则上海,其初席丰厚,耽游豫者萃焉。辛亥以后,通都小邑,桴鼓时鸣,恒不可以居。于是趋海滨者,如水之赴壑,而避世避地之贤,亦往往而在。然二地皆湫隘卑湿,又中外互市之所,土薄而俗偷,奸商傀民,鳞萃鸟集,妖言巫风,胥于是乎出,士大夫寄居者,非徒不知尊亲,又加以老侮焉。夫入非桑梓之地,出非游宦之所,内则无父老子弟谈宴之乐,外则乏名山大川奇伟之观,惟友朋文字之往复,差便于居乡。然当春秋佳日,命俦啸侣,促坐分笺,壹握为笑,伤时怨生,追往悲来之意,往往见于言表。是诚无所乐于斯土,而顾沈冥而不反者,盖风俗人心之变,由都邑而乡聚,居乡者虑有所掣曳,不能安其身与心,故隐忍而出此也。归安朱古微先生,以文学官侍郎。光绪之季,奉使粤峤,遽乞病归,往来苏沪间,迄于近岁,居上海之日为多。丙辰秋日,先生出所绘《彊村校词图》,授简命序。彊村者,在苕水之滨,浮玉之麓,先生之故里也。先生既以词雄海内,复汇刊宋、元人词集成数百种。铅椠之役,恒在松江、歇浦间,而顾以彊村名是图,图中

---

① 此序作于1916年,收入《观堂集林·缀林》。

风物，亦作苕霅间意，盖以志其故乡之思云尔。夫封嵎之山，于《山经》为浮玉，上古群神之所守，五湖四水，拥抱其域，山川清美，古之词人张子同、子野、叶少蕴、姜尧章、周公谨之伦，胥卜居于是，千秋万岁后，其魂魄犹若可招而复也。先生少长于是，垂老而不得归，遭遇世变，惟以填词、刊词自遣，盖不独视古之乡先生矜式游燕于其乡者如天上人，即求如乐天、永叔诸先生退休之乐亦不可复得，宜其为斯图以见意也。夫有乡而不得归者，今日士大夫之所同也，而为图以见意，自先生始，故略序此旨，且以纪世变也。

《乐庵写书图》序[①]

余昔览元、明以来写本书时，时得佳处，而舛误夺落，乃比坊肆劣刻为甚。既而见六朝、唐人所写书，其佳处尤迥出诸刊本写本上，而舛误夺落，则与元、明以来写本无异。盖古代写书，多出书手，其为学士大夫手钞如郑灼之《礼记义疏》者，百不一见也。士大夫写书之风，开于明之中叶。吴中吴原博、朱性父、姚舜咨、钱叔宝诸老，始竞为之。至国朝诸家，则校雠之功，多于迻录，乾、嘉以后，兹事几绝。独归安严悔庵居士，笃嗜旧椠，兼精校勘，尤以写书名天下。其所手写书，若宋刊《吕成公书说》、魏华父《仪礼要义》、洪景卢《夷坚志》，元刊张元德《春秋集传旧钞》、苏明允《太常因革礼》，皆庞然巨帙。《仪礼要义》后为顾千里借失，至经再写。综计前后所写书，逾三四百卷，盖士大夫之写书，未有多于居士者也。居士《夷坚志》写本，后归湘潭某氏者，余曾见之京师，略具宋本行款而已。而明季以来，世尤重影写本，其出钱遵王、毛子晋家者，特为精绝。顾皆成于写官，亦不能无误，盖书莫善于手钞，又莫精于景写。二者自古未尝得兼，今乃于吾友蒋君乐庵见之。乐庵富收藏，精赏鉴。其藏书之所，曰密韵楼者，余尝过而览焉，其美富远出严氏芳茮堂上，殆与汲古、述古抗衡矣。既又观其手影《魏鹤山大全集》一百十卷，则又张目哆唇，舌挢而不得下。盖海内藏书家如乐庵者，屈指计之，尚可得四五，至于手模宋本至百馀卷之多，非独今所难能，抑亦古所未有也！且今之世，又不能与昔比，苕华其黄，瞻乌靡止，世之号为才智者，皆颛颛焉为朝夕之计，苟可以博一朐之名高厚利者，虽祸其身，若其子孙，若天下后世，而无所顾藉。其谨愿者，

[①] 此序写于1919年，收入《观堂集林·缀林》。

则率为原伯之苟,赵孟之偷,其于身家之利害犹如此,况于身外之物、不急之务,其肯糜岁月、敝精神以为之也哉!乐庵写是书,率在俶扰鞅掌之中,然首尾百余万言,无一笔苟简,绵历二年,卒溃于成。夫以世之苟且而惨促也如彼,君之精勤而整暇也如此,设以悔庵居士处此,未识能为乐庵之所为否也。乐庵既属钱唐汪沤客绘《写书图》,又属余序其事。余以乐庵家乌程,于居士为后辈,又所写者皆魏氏之书,故尤乐比而论之,并以见乐庵之写书,别有其可记者存,非徒为藏书家增一故事也。己未闰七月。

传书堂记①

乌程蒋孟苹学部落其藏书之室,颜之曰"传书堂",盖其先德书箴先生书室之旧额也。初,道、咸之间,西吴藏书家数蒋氏。书箴先生尊人子屋先生与季父季卿先生,以兄弟相师友,专攻小学,兼精雠校,大江以南,精椠名钞,麇走其门。子屋先生藏书之居曰俪籯馆,曰茹古精舍,季卿先生之居曰求是斋,皆有声吴、越间。无何粤寇乱作,两先生挟其书走海门,而季卿先生旋卒,书之厄于水火盗贼者几大半。比子屋先生殁,先生悉推家产于诸昆弟,而独取书籍二十箧,名其所居曰"传书之堂",其风尚如此。孟苹即先生长子也,幼传家学,能别古书真伪,自官京师,客海上,其足迹率在南北大都会,其声气好乐,又足以奔走天下。故南北故家,若四明范氏,钱唐汪氏,泰州刘氏,泾县洪氏,贵阳陈氏之藏,流出者多归之。其于先世遗籍,求之尤勤,凡旧籍之有茹古精舍、求是斋图记者,估人恒倍蓰其直,以相要市,孟苹辄偿之。藏书家知孟苹者,间得蒋氏故书,亦颇以相赠遗。故孟苹所得先世遗书,虽经兵火转徙之后,尚不下百种,然以视其所自搜集者,劣足当其百分之一。顾取先人旧额,以传书名其堂,余谓为子孙者,如孟苹始可谓之能传书矣。余闻之:百围之木,不生于堂密;寻文之鱼,不产于潢污。西吴藏书,盖有端绪。自宋初沈东老父子始以收书知名,南渡后,叶石林退居弁山,复以藏书雄东南,其后若齐斋倪氏,月河莫氏,竹斋沈氏,直斋陈氏,随斋程氏,草窗周氏,藏书多者号十万卷,少者亦三四万卷,视行都蔑如也。有明一代,若茅顺甫之白华楼,沈以安之玩月楼,姚翔卿之玩画斋,并有簿录,犹有陈、程诸氏遗风。国朝自蠹舟董氏,疏雨刘氏,芳

---

① 此记作于1922年,收入《观堂集林·缀林》。

茆严氏后，尤不易更仆数，而姚彦侍方伯之咫进斋，陆刚父观察之皕宋楼，实为之殿。光绪之末，陆氏书流出海外，姚氏之藏，亦归京师图书馆，浙西文献，为之俄空。而孟苹与其同里张石铭观察，刘翰怡京卿，崛起丧乱之际，旁搜远绍，蔚为大家。海内言藏书者推南浔顾，或举欧阳公，语谓"物聚于所好，而得于有力之疆。"然当世有力如三家者，无虑百数，而三家独以藏书名，则岂不以石林、直斋诸先哲之遗风所被者远，其源流清浊之所处，风化芳臭气泽之所及，固与他郡殊欤？一家之泽，犹一乡也。若孟苹者，生于藏书之乡，又生于藏书之家，其于经籍，心好之而力赴之，固非偶然。是故书有存亡，惟此传书之精神，则历千载而不亡。石林、直斋之藏，久为煨烬，而今有张、刘诸家，茹古精舍、求是斋之书，十不存一，而今有孟苹。然则蒋氏三世之精神风尚，虽传之百世可也！《诗》云："贻厥孙谋，以燕翼子。"子屋、书箴二先生以之。又云："昭兹来许，绳其祖武。"孟苹以之。余既登孟苹之堂，而览其书，乐其搜讨之勤，而又能道其先人之美也，故书而著之，俾后世知所自焉。壬戌六月。

库书楼记[①]

光、宣之间，我中国新出之史料凡四：一曰殷虚之甲骨，二曰汉、晋之简牍，三曰六朝及有唐之卷轴，而内阁大库之元、明及国朝文书，实居其四。顾殷虚甲骨，当其初出世，已视为骨董之一，土人仍岁所掘，率得善价以去，幸无毁弃者。而西垂简牍卷轴，外人至不远数万里，历寒暑、冒艰险以出之，其保藏之法尤备。独内阁文书，除宋、元刊写本书籍，入京师图书馆外，其余十三年之间，几毁者再，而卒获全者，虽曰人事，盖亦有天意焉。案内阁典籍厅大库，为大楼六间，其中书籍居十之三，案卷居十之七。其书多明文渊阁之遗，其案卷则有列朝之硃谕敕谕，内外臣工之黄本、题本、奏本，外藩属国之表章，历科殿试之大卷。其他三百年间，档册文移，往往而在，而元、明遗物，亦间出其中。盖今之内阁，自明永乐至于国朝雍正，历两朝十有五帝，实为万几百度从出之地。雍、乾以后，政务移于军机处，而内阁尚受其成事，凡政府所奉之硃谕，臣工所缴之敕书批摺，胥奉储于此，盖兼宋时宫中之龙图、天章诸阁，省中之制敕库班簿房而一之。然三百年来，除舍人省吏循例编目外，学士大夫罕有窥其美富者。宣统元年，大库屋坏，有事缮完，乃暂移于文华殿之两庑。地隘不足容，具露积库垣内者尚半，外廷始稍稍知之。时南皮张文襄公，方以大学士军机大臣管学部事，奏请以阁中所藏四朝书籍，设学部京师图书馆，其案卷，则阁议概以旧档无用，奏请焚毁，已得俞旨矣。适上虞罗叔言参事以学部属官，赴内阁参与交割事，见库垣中文籍山积，皆奏准焚毁之物，偶抽一束观之，则管制府干贞督漕时奏摺，又取观他束，

[①] 此记作于1922年，收入《观堂集林·缀林》。

则文成公阿桂征金川时所奏,皆当时岁终缴进之本,排比月日,具有次第,乃亟请于文襄,罢焚毁之举,而以其物归学部,藏诸国子监之南学,其历科殿试卷,则藏诸学部大堂之后楼。辛壬以后,学部后楼及南学之藏,又移于午门楼上所谓历史博物馆者,越十年,馆中资费绌,无以给升斗,乃斥其所藏四分之三,以售诸故纸商,其数以麻袋计者九千,以斤计者十有五万,得银币四千元,时辛酉冬日也。壬戌二月,参事以事至京师,于市肆见洪文襄揭帖,及高丽国王贡物表,识为大库物,因踪迹之,得诸某纸铺,则库藏具在,将毁之以造俗所谓还魂纸者,已载数车赴西山矣。亟三倍其直偿之,称贷京、津间,得银万三千元,遂以易之。于是此九千袋十五万斤之文书,卒归于参事。参事将筑库书楼以储之,而属余为之记。余谓此书濒毁者再,而参事再存之,其事不可谓不偶然,固非参事能存之也,国朝祖宗圣德神功之懿,典章制度声名文物之盛,先正讦谟远猷之富,与夫元、明以来史事之至赜至隐,固万万无亡理,天特假手于参事以存之耳!然非笃于好古如参事者,又乌足以与于斯役也。参事夙以收藏雄海内,其天津之嘉乐里第,有殷时甲骨数万枚,古器物数千品,魏、晋以降碑志数十石,金石拓本及经籍各数万种,实三古文化学术之渊薮。今者又得此大库之书,宸翰之楼,大云之库,与斯楼鼎峙北海滨。世有张茂先,必将见有庆云休气发于汉津箕斗之间,而三垣十二次无不浴其光景者,何其祎欤!虽然,参事固不徒以收藏名家者也。其于所得之殷虚文字,固已编之、印之、考之、释之,其他若《流沙坠简》,若《鸣沙石室古佚书》等,凡数十种,先后继出。传古之功,求之古今人,未见其比。今兹所得,又将以十年之力,检校编录,而择其尤重要者,次第印行。其事诚至艰且巨,然以前事征之,余信参事之必能办此也。其诸山川重秀,天地再清,举斯楼之藏,还之天府,以备石室金匮之储,至千万世,传之无穷,余又信参事之必有乐乎此也。然则斯书之归参事,盖犹非参事之志欤?壬戌七月。

先太学君行状[1]

曾祖，国学生，貤封朝议大夫建臣；祖，国学生溶；本生祖，国学生瀚；父，国学生嗣铎；本生父，国学生嗣旦。

君姓王氏，讳乃誉，字与言，号莼斋，晚字承宰，号娱庐，浙江海宁州人。远祖禀，宋靖康中，以总管守太原，城陷，死之，赠安化郡王。孙沆，随高宗南渡，赐第盐官，遂为海宁人焉。自宋之亡，我王氏失其职，世为农商，以迄于府君。府君少贫甚，又遭"粤匪"之乱，年十三，随先本生曾祖父、先大父避兵于上海。既而先曾祖父先大父相继物故，君号咷呼吁，丐于亲故以敛。后益转徙，无聊，遂习贾于茶漆肆。"粤匪"既平，其肆自上海迁于宁之硖石镇，君始得于贸易之暇，攻书画篆刻诗古文辞。会戚属有令江苏之溧阳县者，延府君往佐之，前后凡十余年。由是遍游吴越间，得尽窥江南北诸大家之收藏。自宋、元、明、国朝诸家之书画，以至零金残石，苟有所闻，虽其主素不识者，必叩门造访，摩挲竟日以去，由是技益大进。年四十，归，遂不复出。惟一游金陵，一沿桐江，观富春山，登钓台，皆不数月而归。归后，日临帖数千字，间于素纸作画，躬养鱼种竹，以为常课。君自三十以后，始作日记，至易篑前一日止，盖三十年如一日焉。君于书，始学褚河南、米襄阳，四十以后专学董华亭，识者以为得其神髓。画，无所不师，卒其所归，亦与华亭、娄东为近。又尝谓自冯墨香《国朝画识》、蒋霞竹《墨林今话》后，近世画人亦颇有足传者，故就平生所见近人书画，考其姓氏爵里，且评骘（骘）其所诣，为《游目录》十卷；又有诗集二卷，文若干篇，稿藏于家。君自光绪之初，睹世变日亟，亦喜谈经世之学，顾往往

---

[1] 此文作于1906年，《王国维遗书》失收。兹录自佛雏《王国维诗学研究》。

为时人所诟病，闻者辄掩耳去，故独与儿辈言之。今日所行之各新政，皆藐孤等二十年前膝下所习闻者也。

呜呼！君于孤贫之中，阛阓之内，克自树立，其所成就，虽古人无以远过，而年不跻于中寿，名不出于乡里，是亦可哀也已！

君娶凌氏，生子国维；继娶叶氏，生国华；女一，适同里陈汝聪；孙，三人：潜明、高明、贞明。君生于道光二十七年丁未，卒于光绪三十二年丙午，得年六十岁。将以其年十月葬于海宁城北徐步桥之东原。伏冀海内贤哲锡以志传，以光诸泉壤，岂惟藐孤，世世子孙亦感且不朽！孤国维泣血敬状。

罗君楚传[①]

君楚名福苌,浙江上虞人。祖树勋,江苏候补县丞。父振玉,学部参事官。君楚幼而通敏,年十岁,能读父书。其于绝代语释,别国方言,强记冥解,盖天授也。年未冠,既博通远西诸国文学,于法朗西、日耳曼语,所造尤深。继乃治东方诸国古文字学。当光绪之季,我国古文字古器物大出,其荦荦大者,若安阳之甲骨,敦煌塞上之简牍,莫高窟之卷轴。参事实始为之搜集、编类、考订、流通,有功于学问甚巨。而塞内外诸古国,若西夏,若突厥,若回鹘,远之若修利,若兜佉罗,若身毒,其文字器物,亦多出于我西北二垂,胥与我国闻相涉,而梵天文字,则又我李唐之旧学也。我老师宿儒,以文字之不同,瞠目束手,无如之何。惟君楚实首治梵文,又创通西夏文字之读,将以次有事于突厥、回鹘、修利诸文字。故海内二三巨儒,谓他日理董绝国方言,一如参事之理董国闻者,必君楚其人也。有唐之季,拓跋氏割据夏州,及宋初而滋大,拓地数千里,传世三百年,自制文字,行于其国,迄蒙古中叶,社稷虽墟,河西陇右,尚用其文字。然近世所传,不过二三金石刻,且举世莫能名焉。光绪末,俄人某于甘州古塔中,得西夏译经数箧,中有汉夏对译字书,名《掌中珠》者,君楚得其景本数叶,以读西夏石刻《感通塔记》,及法属河内所藏西夏文《法华经》残卷,旁通四达,遂通其读,成《西夏国书略说》一卷。嗣后元初所刊河西字藏经,又颇出于京师,君楚治之益力,撰《华严经》释文厶卷未成。由是西夏文字,所识十逾八九矣。又尝从日本榊教授亮受梵文学,二年而升其堂,凡日本所传中土古梵学书,若梁真谛翻梵语,唐义净《梵唐千字文》以下若干种,

---

[①] 本文作于1922年,收入《观堂集林·缀林》。

——为之叙录，奥博精审，簿录家所未有也。君楚体素弱，重以力学，年二十二而病。疡生于胸，仍岁不瘳，二十六而夭，时辛酉九月也。所著书多未就，以欧文记者，尤丛杂不可理。今可写定者，《梦轩琐录》三卷，即古梵学书序录，及攻梵语之作也；《西夏国书略说》一卷；宋史《西夏传》注一卷；译沙畹、伯希和二氏所注《摩尼教经》一卷；《古外国传记辑存》一卷；《大唐西域记》所载《伽蓝名目表》一卷；《敦煌古写经原跋录存》一卷；《伦敦博物馆敦煌书目》一卷；《巴黎图书馆敦煌书目》一卷。余初见君楚时，君楚方六七岁。盖亲见其自幼而少，而长，而劬学，而著书。君楚为学，有异闻必以语余，余亦时以所得告之。余作《西胡考》，君楚为余征内典中故事。君楚所释《华严经》刻本，今于其殁后数月，始得考定为元初杭州所刊河西字《大藏经》之一，恨不得以语君楚，然则余亦安得复有闻于君楚耶？将突厥、回鹘、修利诸史料，不能及今世而理董耶？即异日有继君楚之业者，如君楚之高才力学，又岂易得也！君楚没，海内知参事及君楚者，无不痛惜。嘉兴沈乙庵先生与余言君楚，辄涕泗不能禁。然则君楚之死，其为学术之不幸何如也！君楚之葬也，沈先生为铭其墓。妻汪氏割臂以疗君楚，寻以毁卒，余亦铭之。无子，有女子子一，卒之次年。弟福葆生子承祖，参事命为之后。余既哀君楚之亡，乃掇其学问之大要为之传，使后世知君楚不愧为参事子焉。

罗君楚妻汪孺人墓碣铭①

孺人姓汪氏,讳寿保,江苏仪征人。父昌颐,分省候补知县,母罗氏。孺人生而徇通,幼而淑慎。毁齿之岁,丧其怙恃,哀动行路,礼绝成人。舅氏上虞罗叔言参事,闵其孤露,迎致京邸。别肥泉而永叹,见渭阳而如存,贞惠之操,见于此矣。比长,参事爱其端淑,聘以为中子福苌君楚妇。参虚之出,仍俪晋襄;刘氏之孤,言归温峤,中表为婚,从故俗也。君楚博究方言,溺苦旧籍,劝学几死,贞疾弥年,孺人服勤无方,积忧成痗。辛酉之冬,遽同危惙,犹刲臂肉以疗所天,昊穹不仁,琴瑟告彻,昼哭无时,水浆久绝。舅姑谕以礼制,勉从饘粥,犹躬朝夕之奠,不甘草木之滋。藐是孤生,终于灭性,瞰日之信,匪石不回,指西海以为期,皋北辰而弗复。以壬戌正月二日卒,春秋二十有五,距君楚没未百日也。刲臂之初,都人交叹。闽县陈太傅(宝琛)入侍讲幄,从容上闻。帝有嘉焉,褒以御书"至情奇行"。其文凡四,昔宋公表女宗之里,秦皇筑怀清之台,方之于今,非云异数。其年六月,遣车南旋,将窆于江苏山阳县七里塘之原。参事贻书,索铭幽壤。夫思亲有《竹竿》之美,宜家备《桃夭》之德,事生迈《芣苢》之仁,之死同《柏舟》之节,风人所叹,异世同辙。宜刊玄石,式扬芳烈。其辞曰:

国有与立,曰纲曰维。
谁其张之?罗氏之妻。
奇节庸行,殊涂同归。
声闻于帝,帝曰汝嘉。
天章焕烂,绰楔嵯峨。
我铭此石,万代不磨。

---

① 本文作于1922年,收入《观堂集林·缀林》。

诰封中宪大夫海宁陈君暨妻邹太淑人合葬墓志铭①

君讳镐，字子洛，浙江海宁州人。其先当宋南渡初，自汴迁于杭，世以医名。历廿七世，以至于君祖。田父宝华、生父宝荣并有潜德。君幼传家学，性尤孝友。弱冠逢寇乱，兄铉奉生母挈妻妹避乱赴衢州，君率妻妹奉嗣母避于近乡。君遇贼被掠，未几脱归，则母妹皆已赴水死，惟妻独存。乃求母妹骸骨藁葬之，即别妻子徒步走衢州，觅生母及兄妹。时粤寇未平，浙东、西诸县残破甚。君间关千里，至衢属之龙游山深林，密求母兄。问不可得，日痛哭山野间。一日，遇一村叟，询知为陈氏子，导至家出扇一，印章一示之，则兄名字具在。且令其子妇出拜，则固母婢也。因告以前年有陈氏母子三人主其家，不幸均以疫亡，指厝棺所示之。君哀恸几绝，乃负骨归龙游，人无不称陈孝子。君既归葬母兄于所居长安镇，时大乱初定，旋移居石门之洲钱镇，仍以医自给。君术既精，遇贫病者辄施医药，所全活甚众。性尤嗜书，手不释卷，读书临证所得辄笔记之。晚年病目，则令子守训笔录，积稿至尺许。旋因子守谦官江西石城县知县，又调大庾，迎君就养。会南赣匪警，有劝君暂避者，君弗从，令守谦督兵出城防剿，而身居署，阳阳如平常。事毕，始归里。以子守谦官罩，恩封中宪大夫。宣统元年七月，卒于家，年七十有三。配邹氏，诰封太淑人，后君十一年卒，年八十有幺。子守训，候选州同，出为兄后。守谦，候选知府，江西石城县知县。女三人，孙二人，孙女三人。守谦将以甲子幺月葬君于长安镇幺幺之原。属其友王国维铭其墓铭曰：

---

① 本文作于1924年，收入《观堂别集》。

昔称纯孝，黄子向坚。
万里寻亲，十年生还。
历载三百，丹青焕然。
懿封君之笃行，知前修之匪艰。
道崎岖于丧乱，身契苦于俭难。
空山阒其少人，枯骨嘿其无言。
卒征信于箧印，反千里之三棺。
铭潜德于幽壤，庶万代而不刊。

沈乙庵先生七十寿序①

我朝三百年间，学术三变：国初一变也，乾、嘉一变也，道、咸以降一变也。顺、康之世，天造草昧，学者多胜国遗老。离丧乱之后，志在经世，故多为致用之学，求之经史，得其本原，一扫明代苟且破碎之习，而实学以兴。雍、乾以后，纪纲既张，天下大定，士大夫得肆意稽古，不复视为经世之具，而经史小学专门之业兴焉。道、咸以降，涂辙稍变，言经者及今文，考史者兼辽、金、元，治地理者逮四裔，务为前人所不为，虽承乾、嘉专门之学，然亦逆睹世变，有国初诸老经世之志。故国初之学大，乾、嘉之学精，道、咸以降之学新。窃于其间得开创者三人焉：曰昆山顾先生，曰休宁戴先生，曰嘉定钱先生。国初之学，创于亭林；乾、嘉之学，创于东原、竹汀；道、咸以降之学，乃二派之合而稍偏至者，其开创者，仍当于二派中求之焉。盖尝论之：亭林之学，经世之学也，以经世为体，以经史为用。东原、竹汀之学，经史之学也，以经史为体，而其所得，往往裨于经世。盖一为开国时之学，一为全盛时之学，其涂术不同，亦时势使之然也。道、咸以降，学者尚承乾、嘉之风，然其时政治风俗，已渐变于昔，国势亦稍稍不振，士大夫有忧之而不知所出，乃或托于先秦、西汉之学，以图变革一切，然颇不循国初及乾、嘉诸老为学之成法。其所陈夫古者，不必尽如古人之真，而其所以切今者，亦未必适中当世之弊。其言可以情感，而不能尽以理究。如龚璱人、魏默深之俦，其学在道、咸后，虽不逮国初、乾、嘉二派之盛，然为此二派之所不能摄，其逸而出此者，亦时势使之然也。今者时势又剧变矣，学术之必变，盖不待言。世之言学者，辄怅怅无所归，顾莫不

---

① 本文作于1919年，收入《观堂集林·缀林》。

推嘉兴沈先生，以为亭林、东原、竹汀者俦也。先生少年固已尽通国初及乾、嘉诸家之说，中年治辽、金、元三史，治四裔地理，又为道、咸以降之学，然一秉先正成法，无或逾越。其于人心世道之污隆，政事之利病，必穷其原委，似国初诸老。其视经史为独立之学，而益探其奥窔，拓其区宇，不让乾、嘉诸先生。至于综览百家，旁及二氏，一以治经史之法治之，则又为自来学者所未及。若夫缅想在昔，达观时变，有先知之哲，有不可解之情，知天而不任天，遗世而不忘世，如古圣哲之所感者，则仅以其一二见于歌诗。发为口说，言之不能以详，世所得而窥见者，其为学之方法而已。夫学问之品类不同，而其方法则一。国初诸老，用此以治经世之学；乾、嘉诸老，用之以治经史之学，先生复广之以治一切诸学。趣博而旨约，识高而议平，其忧世之深，有过于龚、魏，而择术之慎，不后于戴、钱。学者得其片言，具其一体，犹足以名一家，立一说。其所以继承前哲者以此，其所以开创来学者亦以此。使后之学术，变而不失其正鹄者，其必由先生之道矣。窃又闻之：国家与学术为存亡，天而未厌中国也，必不亡其学术；天不欲亡中国之学术，则于学术所寄之人，必因而笃之。世变愈亟，则所以笃之者愈至，使伏生、浮邱伯辈天不畀以期颐之寿，则《诗》、《书》绝于秦火矣。既验于古，必验于今。其在《诗》曰："乐只君子，邦君之基；乐只君子，万寿无期。"又曰："乐只君子，邦家之光；乐只君子，万寿无疆。"若先生者，非所谓"学术所寄"者欤？非所谓"邦家之基"，"邦家之光"者欤？己未二月，先生年正七十，因书先生之学所以继往开来者，以寿先生，并使世人知先生。自兹以往，康强寿耇，永永无疆者，固可由天之不亡中国学术卜之矣！

郭春榆宫保七十寿序[1]

国朝故事，官制有国史院领。以大学士后罢内三院，仍设馆于禁城内，置总裁纂修，协修诸官，以词臣兼之。其书体例如《古正史通》，列朝为一书。国祚无疆，斯国史亦与之为无疆。故自设官，以讫宣统辛亥，二百六十有七年。惟十朝本纪草稿完具，列传一类，除内官二品以上及特旨宣付臣僚奏请立传外，未尝博采。表志二类，亦仅具梗概，盖未有成书也。惟列圣嗣服之初，每诏儒臣修先皇帝实录，其选任较精，责任较专，程限较严，叙较优，故成书亦较完且速。今日得详我列祖列宗之圣德神功，及三百年来之事迹者，惟实录而已。洪惟我德宗景皇帝临御天下三十有四年，仁孝恭俭之德，勤政爱民之心，洽于四海。又值中外大通，事变蜂起，因革损益，经纬万端而盛德鸿业未有记注。宣统元年六月，皇帝始命臣工恭纂实录，三年而遭辛亥之变，属稿才得十一、二。壬子四月，复奉诏纂修，时总裁官为长白世文端公续、吴县陆文端公润庠，而今太傅闽县陈侍郎宝琛、今宫保侯官郭侍郎曾炘、宗室宝侍郎熙，副之提调则裕参议隆、李侍讲经畬。总纂则钱侍读骏祥、熊侍读方燧、蓝编修钰。总校则程侍讲棫林、朱编修汝珍。纂修则袁侍讲励准、吴撰文怀清、王编修大钧、金编修北丰、欧侍御家廉、温侍御肃、何编修国澧、张检讨书云、章检讨梫、史编修宝安、李编修湛田、黎编修湛枝、吴编修德镇、胡编修骏、龚编修元凯、郑编修家溉。草创于壬子之夏，讫事于辛酉之冬，计十年而书成，凡五百九十七卷。其正本既尊藏于皇史宬，副本之恭储于乾清宫者亦期于甲子年缮竣，而德宗景皇帝圣训一百四十五卷、国史德宗本纪一百三十七卷亦次第蒇事。先是，己酉开馆，

---

[1] 本文作于1924年，收入《观堂别集》。

总裁官副总裁官共十许人，纂修官四十人，至壬子重修，正副总裁仅五人，纂修二十一人，逮辛酉书成，总裁官与于经进之列者惟陈太傅及郭、宝二宫保。而陈太傅、宝宫保均以辛亥入馆，惟郭宫保自己酉开馆已任副总裁，始终秉笔者宫保一人而已。宫保在承平时历官与礼曹相终始，由庶吉士改礼部主事，浡跻至左侍郎，礼部废，又权掌典礼院，故最练于当代之典制。又直枢垣久，光绪一朝之事，巨细源委闻见最切，卒能勒成巨典，光我圣清，藏之金匮，副在宣室，功莫盛焉！昔有宋南渡，徽、钦二宗未有实录，高宗下诏纂修。徽录成于绍兴二十八年，钦录成于孝宗乾道四年，绵历三纪，始有成书。顷者，恭纂《德宗实录》，事颇与宋南渡相类，而具稿不过十稔，虽纂修诸臣之克共厥职，抑亦总其事者忠勤之效也。皇帝嘉修书之勤，授郭公太子少保，旋晋太子太保，岁时锡赉与直内廷诸臣等，宫保亦夷险一节数十年如一日也。自壬癸以后，朝廷既谢政事，每元正圣节，旧臣趋朝行礼者，可屈指计，独宫保十馀年来每朝会未尝不在列，三时赏赉未尝不亲拜赐也。甲子八月二十二日为宫保七十生辰，上赐御笔书画及采段等物以荣之，内廷同直诸人亦谋所以寿宫保者，而属国维缀其辞。国维识宫保晚，无以扬榷盛德，第粗述宫保载笔之勤，已足见其心事之纯，白精神之强，固自兹以往，将八十、九十，以至于期颐，永承恩泽，国维亦得弭笔以从诸老之后，效张志之善颂，抒吉甫之清风。宫保闻是言，其莞尔而醑一觞乎？

清真先生遗事

事迹一

周邦彦字美成,钱塘人。疎隽少检,不为州里推重,而博涉百家之书。元丰初,游京师,献《汴都赋》万馀言。神宗异之,命侍臣读于迩英殿,召赴政事堂,自大学诸生一命为正。居五岁不迁,益尽力于辞章。出教授庐州,知溧水县,还为国子主簿。哲宗召对,使诵前赋,除秘书省正字。历校书郎、考功员外郎、卫尉宗正少卿、兼议礼局检讨,以直龙图阁,知河中府。徽宗欲使毕礼书,留之逾年,乃知龙德府(当作隆德府)。徙明州,入拜秘书监,进徽猷阁待制,提举大晟府。未几,知顺昌府,徙处州。卒年六十六,赠宣奉大夫。邦彦好音乐,能自度曲。制乐府长短句,词韵清蔚,传于世。(《宋史·文苑传》)

案:先生献赋之岁,本传及《挥麈馀话》皆云在元丰初。《馀话》所载先生《重进汴都赋表》,则云元丰元年七月。(《汲古》、《照旷》二本皆同。)而近时钱塘丁氏《武林先哲遗书》中,重刊明单刻本《汴都赋》,前有《重进赋表》,则作六年七月。《直斋书录解题》又作元丰七年。余案:元年当为六年之误。赋中所陈有疏汴洛、改官制、修景灵宫三事。案《宋史·河渠志》,元丰二年三月,以宋用臣提举导洛通汴。《神宗纪》元丰二年六月甲寅,清汴成。三年六月丙午,诏中书省详定官制,五年夏四月癸酉,官制成。三年九月乙酉,洛卿景灵宫作十一殿,以时王礼祀祖宗。五年十一月,景灵宫成,告迁祖宗神御。此三事皆在元年之后,此一证

---

① 此论著作于1910年,次年刊于《国学丛刊》,收入《王国维遗书》第十一册。

也。楼攻媿《清真先生文集序》云："未及三十作《汴都赋》。"时先生方二十八岁。若在元年，则才二十三岁。当云年逾二十，不得云未及三十，此二证也。楼《序》、《咸湻志》、《直斋书录》皆云"赋奏，命左丞李清臣读于迩英殿。"案：清臣官至门下侍郎，此云左丞，非称其最后之官，乃以读赋时之官称之。而《神宗纪》及《宰辅表》，清臣以元丰六年八月辛卯自吏部尚书除尚书右丞，至元祐初，乃迁左丞。则左丞当为右丞之误。献赋在七月，而读赋则在八月以后，亦与事实合，此三证也。若直斋所云七年，则又因六年七月而误也。

周邦彦，字美成，钱塘人也。性落魄不羁，涉猎书史。元丰中，献《汴都赋》，神宗异之，自诸生命为太学正。绍圣中，除秘书省正字。徽宗即位，为校书郎，迁考功员外郎、卫尉宗正少卿，又迁卫尉卿，出知隆德府，徙明州，召为秘书监，擢徽猷阁待制，提举大晟府。未几，知真定，改顺昌府，提举洞霄宫。卒年六十六。邦彦能文章，世特传其词调云。（《东都事略·文艺传》）

周邦彦，字美成。少涉猎书史，游太学，有俊声。元丰中，献《汴都赋》七千言，多古文奇字。神宗嗟异，命左丞李清臣读于迩英阁。多以边旁言之，不尽悉也。徽宗即位，为校书郎，累迁卫尉卿，出知隆德府，徙明州，以秘书监召赐对崇政殿。上问《汴都赋》其辞云何，对以岁月久，不能省忆。用表进，帝览表称善。除徽猷阁待制，提举大晟府，知真定府，改顺昌府，提举洞霄宫。卒年六十六。邦彦能文章，妙解音律，名其堂曰顾曲。乐府盛行于世。人谓之落魄不羁。其提举大晟，亦由此。然其文，识者谓有工力深到处，磬镜乌几之铭，有郑圃、漆园之风，祷神之文，仿《送穷》、《乞巧》之作，不但词调而已。自号清真居士，有集二十四卷。（《咸湻临安志·人物传》以《东都事略》本传、王明清《挥麈录》、楼钥《清真集序》、陈直斋《书录解题》修。)

案：此以重进《汴都赋》在官秘书监后，本《挥麈馀话》。误，辨见后条。提举洞霄宫当从《玉照新志》王铚所手记者为正，乃南京鸿庆宫，非杭州洞霄也。楼钥《文集叙》称其旅死，亦合。

周美成邦彦，元丰初，以太学生进《汴都赋》。神宗命之以官，除太学录。其后流落不偶，浮沉州县三十馀年。蔡元长用事，美成献《生日》诗，略云："化行禹贡山川内，人在周公礼乐中。"元长大喜，即以秘书少监召，又复荐之。上殿契合，诏再取其本来进。表云："六月十八日赐对崇政殿，问臣为诸生时所进先帝《汴都赋》，其辞云何？臣言曰：赋语猥繁，岁月持久，不能省忆，即勅以本来进者。雕虫末技，已玷国恩，刍狗陈言，再干睿览，事超所望，忧过于荣。窃惟汉、晋以来，才士辈出，咸有颂述，为国光华。两京天临，三国鼎峙，奇伟之作，行于无穷。恭惟神宗皇帝，盛德大业，卓高古初。积害悉平，百废再举。朝廷郊庙，罔不崇饰。仓廪府库，罔不充仞。经术学校，罔不兴作。礼乐制度，罔不釐正。攘狄斥地，罔不流行。理财禁非，动协成算。以至鬼神怀，鸟兽若，搢绅之所诵习，载籍之所编记，三五以降，莫之与京'未闻承学之臣，有所歌咏，于今无传，视古为愧'。臣于斯时，自惟徒费学廪，无益治世万分之一，不揣所堪，哀集盛事，铺陈为赋，冒死进投。先帝哀其狂愚，赐以首领，特从官使，以劝四方。臣命薄数奇，旋遭时变，不能俯仰取容，自触罢废。漂零不偶，积年于兹。臣孤愤莫伸，大恩未报，每抱旧藁，涕泗横流。不图于今，得望天表，亲奉圣训，命录旧文。退省荒芜，恨其少作，忧惧惶惑，不知所为。伏惟陛下，执道御有，本于生知，出言成章，匪由学习。而臣也，欲晞云汉之丽，自呈绘画之工，唐突不量，诛死何恨。陛下德侔覆焘，恩浃飞沉，致绝异之祥光，出久幽之神玺。丰年屡应，瑞物毕臻，方将泥金泰山，鸣玉梁父，一代方策，可无述焉？如使臣殚竭精神，驰骋笔墨，方于兹赋，尚有靡者焉。其元丰元年七月所进《汴都赋》并书共二册，谨随表上进以闻。"表入，乙览称善，除次对内祠。（《挥麈馀话》一）

案：此条所记抵牾最甚。"太学录"当依《宋史》、《东都事略》诸书，作太学正。浮沉州县三十馀年，亦无此事。其重进《汴都赋》，参考诸书，当在哲宗元符之初，而不在蔡元长用事之后。征之表文，事甚明白。《寿蔡元长》诗云："化行禹贡山川内，人在周公礼乐中。"必作于崇宁大观制作礼乐之后。时先生已位列卿，若于此时进赋，不得云"漂零不偶，积年于兹"，一也。表文又云："陛下德侔覆焘，恩浃飞沉，致绝异之祥光，出久幽之神玺。"此正哲宗元符事。案：咸阳段义得玉玺，《宋史·哲宗纪》云："在元符元年正月。"《舆服志》谓："在绍圣三年四年上之。"志说较是。志又云："元符元年三月，翰林学士蔡京，及讲议官十三员奏按所献玉玺云：'今得玺于咸阳，其玉乃蓝田之色，其篆与李斯小篆体合。饰以龙凤鸟鱼，乃虫书鸟迹之法，于今所传古书，莫可比拟，非汉以后所作明矣。今陛下嗣守祖宗大宝，而神玺自出。其文曰"受命于天，既寿永昌"。则天之所畀，乌可忽哉！汉、晋以来，得宝鼎瑞物，犹告庙改元，肆眚上寿，况传国之器乎？'遂以五月朔御大庆殿，降坐受宝，群臣上寿称贺。"所谓"出久幽之神玺"，正指此事。若徽宗崇宁五年，虽得玉印，然未尝以为神玺，则重进《汴都赋》，明在哲宗时，二也。若《重进赋表》作于徽宗时，不应不及哲宗朝诵赋之事，三也。明清通习宋时掌故，不知何以疏漏若此。《咸湻志》亦仍其误，幸有《宋史》及表文可证耳。楼攻媿《清真先生文集序》云："哲宗始置之文馆，徽宗又列之郎曹，皆以受知先帝之故，以一赋而得三朝之眷"云云，则先生非由元长进用，亦可知。至云"表入，乙览称善，除次对内祠。"

则又并前后数事为一事。又后日提举鸿庆宫，亦外祠而非内祠，其纰缪不待论也。

　　周邦彦待制，尝为刘昺之祖作埋铭，以白金数十斤为润笔，不受。昺无以报之，因除户部尚书，荐以自代。后刘缘坐王采讦言事得罪，美成亦落职，罢知顺昌府宫祠。周笑谓人曰："世有门生累举主者多矣，独邦彦乃为举主所累，亦异事也。"（庄绰《鸡肋编》中）

　　案：《挥麈后录》三云："王、刘既诛窜，适郑达夫与蔡元长交恶，郑知蔡之尝荐二人也，忽降旨，应刘昺所荐，并令吏部具姓名以闻。当议降黜，宰执既对，左丞薛昂进曰：'刘昺臣尝荐之矣，今昺所荐尚当坐，而臣荐昺，何以逃罪？'京即进曰。（中略。）上笑而止，由是不直达夫。即再降旨，刘昺所荐并不问。"则先生此时但外转，并未落职，亦未奉祠。季裕所记但一时之言，故王铚记先生晚年事，犹云："以待制提举南京鸿庆宫也。"

　　道君幸李师师家，偶周邦彦先在焉。知道君至，遂匿于床下。道君自携新橙一颗，云："江南初进来。"遂与师师谑语，邦彦悉闻之，隐括成《少年游》云："并刀如水，吴盐胜雪，纤手破新橙。"后云："城上已三更，马滑霜浓，不如休去，直是少人行。"李师师因歌此词。道君问："谁作？"李师师奏云："周邦彦词。"道君大怒，坐朝谕蔡京云："开封府有监税周邦彦者，闻课额不登，如何京尹不案发来！"蔡京罔知所以，奏云："容臣退朝呼京尹叩问，续得覆奏。"京尹至，蔡以御前圣旨谕之。京尹云："惟周邦彦课额增羡。"蔡云："上意如此，只得迁就将上。"得旨："周邦彦职事废驰，可日下押出国门。"隔一二日，道君复幸李师师家，不见李师师。问其家，知送周监税。

道君方以邦彦出国门为喜，既至，不遇。坐久，至更初，李始归。愁眉泪睫，憔悴可掬。道君大怒，云："尔往那里去？"李奏："臣妾万死。知周邦彦得罪，押出国门，略致一杯相别，不知官家来。"道君问："曾有词否？"李奏云："有《兰陵王》词。今'柳阴直'者是也。"道君云："唱一遍看。"李奏云："容臣妾奉一杯歌此词，为官家寿。"曲终，道君大喜，复召为大晟乐正。后官至大晟乐乐府待制。邦彦以词行，当时皆称美成词。殊不知美成文笔，大有可观。作《汴都赋》、如笺奏杂著，皆是杰作，可惜以词掩其他文也。当时李师师家有二邦彦：一周美成，一李士美，皆为道君狎客。士美因而为宰相。吁！君臣遇合于倡优下贱之家，国之安危治乱，可想而知矣！（张端义《贵耳集》下）

案：此条所言，尤失实。《宋史·徽宗纪》："宣和元年十二月，帝数微行，正字曹辅上书极论之，编管郴州。"又《曹辅传》："自政和后，帝多微行，乘小轿子，数内臣导从，置行幸局。局中以帝出日，谓之'有排当'。次日未还，则传旨，称疮痍不坐朝。始，民间犹未知，及蔡京谢表，有'轻车小辇，七赐临幸'，自是邸报闻四方。"是徽宗微行，始于政和，而极于宣和。政和元年，先生已五十六岁，官至列卿，应无冶游之事。所云开封府监税，亦非卿监侍从所为。至大晟乐正，与大晟乐府待制，宋时亦无此官也。

宣和中，李师师以能歌舞称。时周邦彦为太学生，每游其家。一夕，值祐陵临幸，仓猝隐去。既而赋小词，所谓"并刀如水，吴盐胜雪"者，盖纪此夕事也。未几，李被宣唤，遂歌于上前。问谁所为，则以邦彦对。于是遂与解褐，自此通显。既而朝廷赐酺，师师又歌《大酺》、《六丑》二解。上顾教坊使袁綯问，綯曰："此起居舍人新知潞州周邦彦作也。"问《六丑》

之义,莫能对。急召邦彦问之,对曰:"此犯六调,皆声之美者,然绝难歌。昔高阳氏有子六人,才而丑,故以比之。"上喜,意将留行。且以近者祥瑞沓至,将使播之乐府,命蔡元长微叩之。邦彦云:"某老矣,颇悔少作。"会起居郎张果与之不咸,廉知邦彦尝于亲王席上,作小词赠舞鬟云:"歌席上,无赖是横波。宝髻玲珑欹玉燕,绣巾柔腻掩香罗。何况会婆娑。无个事、因甚敛双蛾。浅淡梳妆疑是画,惺松言语胜闻歌。好处是情多。"为蔡道其事。上知之,由是得罪。师师后入中,封瀛国夫人。朱希真有诗云:"解唱《阳关》别调声,前朝惟有李夫人。"即其人也。(周密《浩然斋雅谈》下)

案:此条失实,与《贵耳集》同。云"宣和中"先生"尚为太学生",则事已距四十馀年。且苟以少年致通显,不应复以《忆江南》词得罪。其所自记,亦相牴牾也。师师未尝入宫,见《三朝北盟会编》。

周美成晚归钱塘乡里,梦中得《瑞鹤仙》一阕:"悄郊原带郭,行路永、客去车尘漠漠。斜阳映山落。敛馀红、犹恋孤城阑角。凌波步弱。过短亭,何用素约?有流莺劝我,重解绣鞍,缓引春酌。不计归时早暮,上马谁扶,醉眠朱阁。惊飙动幕。犹残醉、绕红药。叹西园,已是花深无地,东风何事又恶?任流光过却,归来洞天自乐。"未几,方腊盗起,自桐庐拥兵入杭。时美成方会客,闻之,仓皇出奔,趋西湖之坟庵,次郊外。适际残腊,落日在山,忽见故人之妾,徒步,亦为逃避计。约下马小饮于道旁,闻莺声于木杪分背。少焉,抵庵中,尚有馀醺,困卧小阁之上,恍如词中。逾月,贼平入城,则故居皆遭蹂践。旋营缉而处。继而得请提举杭州洞霄宫,遂老焉,悉符前作。美成尝自记甚详,今偶失其本,姑记其略,而书于编。

(《挥麈馀话》二)

明清《挥麈馀话》记周美成《瑞鹤仙》事，近于故箧中，得先人所叙，特为详备，今具载之。美成以待制提举南京鸿庆宫，自杭徙居睦州，梦中作长短句《瑞鹤仙》一阕。既觉犹能全记，了不详其所谓也。未几，青溪贼方腊起，逮其鸱张，方还杭州旧居，而道路兵戈已满，仅得脱死，始得入钱塘门，但见杭人仓皇奔避，如蜂屯蚁沸。视落日，半在鼓角楼檐间，即词中所云："斜阳映山落，敛馀晖，犹恋孤城阑角"者应矣。当是时，天下承平日久，吴、越享安闲之乐。而狂寇啸聚，径自睦州直捣苏、杭，声言遂踞二浙。浙人传闻，内外响应，求死不暇。美成旧居既不可住，是日无处得食，饥甚。忽于稠人中，有呼待制何往者，视之，乡人之侍儿，素所识者也。且曰："日昃未必食，能舍车过酒家乎？"美成从之。惊遽间，连引数杯散去，腹枵顿解，乃词中所谓"凌波步弱，过短亭，何用素约？有流莺劝我，重解绣鞍，缓引春酌"之句验矣。饮罢，觉微醉，便耳目惶惑，不敢少留，径出城北。江涨桥诸寺，士女已盈满，不能驻足。独一小寺经阁，偶无人，遂宿其上。即词中所谓"上马谁扶，醉眠朱阁"又应矣。既见两浙处处奔避，遂绝江居扬州。未及息肩，而传闻方贼已尽据二浙，将涉江之淮、泗。因自计，方领南京鸿庆宫，有斋厅可居，乃挈家往焉。则词中所谓"念西园，已是花深无路，东风又恶"之语应矣。至鸿庆，未几以疾卒，则"任流光过了，归来洞天自乐"又应于身后矣。美成生平好作乐府，将死之际，梦中得句，而字字俱应，卒章又应于身后，岂偶然哉！美成之守颍上，与仆相知。其至南京，又以此词见寄。尚不知此词之言，待其死，乃竟验如此。（《玉照新志》二）

案：此二条，当以《玉照新志》明清父铚所手记者为正。

周美成初在姑苏，与营妓岳七、楚云者游甚久。后归自京师，首访之，则已从人矣。明日，饮于太守蔡峦子高坐上。见其妹，作《点绛唇》曲寄之云："辽鹤归来，故乡多少伤心事。短书不寄，鱼浪空千里。凭仗桃根，说与相思意。愁何际，旧时衣袂，犹有东风泪。"（王灼《碧鸡漫志》二）

　　案：《吴郡志》自元丰至宣和，苏州太守并无蔡峦其人，仅崇宁间有蔡渭耳。渭故相蔡确之子，后改名懋，与峦字不类，义亦与子高之字不相应。以他书所记先生事观之，则此说疑亦附会也。

　　周美成为江宁府溧水令，主簿之室，有色而慧，美成常款洽于尊席之间。世所传《风流子》词，盖所寓意焉。（中略。）词中"新绿"、"待月"，皆簿厅亭轩之名也。俞义仲云。（《挥麈馀话》二）

　　案：明清记美成事，前后牴牾者甚多。此条疑亦好事者为之也。《御选历代诗馀》词话，引此条作"主簿之姬"，疑所见别有善本也。

著述二

《清真集》十一卷。（《宋史·艺文志》）
《清真先生文集》二十四卷。（《攻媿集》、《郡斋读书志》同。《直斋书录解题》作《清真集》二十四卷。）

　　楼钥《清真先生文集序》："班孟坚之赋两都，张平子之赋二京，不独为五经鼓吹，直足以佐大汉之光明。诚千载之杰作也。国家定都大梁，虽仍前世之旧，当四通五达之会，贡赋地均，不恃险阻，真得国家有德易以王之意。祖宗仁泽深厚，承平百年，高掩千古，异才间出，曾未有继班、张之作者。神宗稽古有为，鼎新百度，文物彬彬，号为盛际。钱塘周公，少负庠校隽声。未及三十，作《汴都赋》，凡七千言。富哉！壮哉！铺张扬厉之工，期月而成，无十稔之劳，指陈事实，无夸诩之过。赋奏，天子嗟异之，命近臣读于迩英阁，由诸生擢为学官，声名一日震耀海内，而皇朝太平之盛观备矣。未几，神宗上宾，公亦低佪不自表襮。哲宗始置之文馆，徽宗又列之郎曹，皆以受知先帝之故。以一赋而得三朝之眷，儒生之荣莫加焉。公之殁，距今八十馀载，世之能诵公赋者盖寡，而乐府之词，盛行于世，莫知公为何等人也。公尝守四明，而诸孙又寓居于此。尝访其家集而读之，参以他本，间见手藁，又得京本《文选》，与公之曾孙铸裒为二十四卷。中更兵火，散坠已多，然足以不朽矣。公壮年气锐，以布衣自结于明主，又当全盛之时，宜乎立取贵显。而考其岁月，仕宦殊为流落，更就铨部试远邑，虽归班于朝，坐视捷径，不一趋焉。三绾州麾，仅登松班，而旅死矣。盖其学道退然，委顺知命，人望之如木鸡，自以为喜，此又世所未知者。乐府传播，风流自命，又性好音律，如古之妙解，"顾曲"名堂，不能自已，人必以为豪放飘逸高视古人，非攻苦力学以寸进者。及详味其辞，经史百家之言，盘屈于笔下，若自己出，一何用功之深，而致力之精耶！故见所上献赋之书，然后知一赋之机杼：见《续秋兴赋后序》，然后知平生之所安。磐镜乌几之铭，可与郑圃、漆园相周旋，而祷神之文，则《送穷》、《乞巧》之流亚也。骤以此语人，未必遽信，惟能细读之者，始知斯言之不为溢美耳。居闲养疴，为之校雠三数过，犹未敢以为尽。方淇水李左丞读赋上前，多以偏旁言之，因为考之群书，略为音释，阙其所未知者，以俟博雅之君子，非敢自比张载、刘逵为《三都》之训诂也。钥先世与公家有事契，且尝受廛焉。公之诗文，幸不泯没，钥之愿也。公讳邦彦，字美成，清真其自号。历官详见志铭云。制使待制陈公，政事之馀,既刊曾祖贤良都官家集,又以清真之文并传,以慰邦人之思。君子谓是举也,加于人数等,类非文吏之所能为也。"

晁公武《郡斋读书志》:"《清真先生文集》,二十四卷。右周邦彦字美成之文也。神宗时,尝奏《汴都赋》七千言,上命近臣读于迩英阁,由诸生为学官。哲宗置之文馆,徽宗列之郎曹,尝守四明,故楼忠简公钥序而刻之。"

陈振孙《直斋书录解题》集部别集类:"《清真集》,二十四卷,徽猷阁待制钱塘周邦彦撰。元丰七年进《汴都赋》,自诸生命为太学正。邦彦博文多能,尤长于长短句,自度曲。其提举大晟府,亦由此,而他文未传。嘉泰中,四明楼钥始为之序,而太守陈杞刊之,盖其子孙家居四明故也。《汴都赋》已载《文鉴》。世传赋初奏,御诏李清臣读之,多古文奇字,清臣诵之如素所习熟者,乃以偏旁取之耳。钥为音释,附之卷末。"

案:杞曾刻其曾祖舜俞《都官集》三十卷。《都官集》为先生叔邠所编。邠为舜俞女夫,见蒋之奇《都官集序》,故并及先生集耳。

《清真杂著》三卷

《书录解题》集部别集类:"邦彦尝为溧水令,故邑有词集。其后有好事者,取其在邑所作文记诗歌并刻之。"

《操缦集》五卷

《书录解题》集部别集类:"周邦彦撰。亦有前集中所无者。"

国维案:右诗文集四种,今皆不传。《宋志》、《文集》仅十一卷,疑即楼《序》中所谓家集，而二十四卷本，则宋世通行之本也。今遗文尚存者，则有《汴都赋》（《宋文鉴》）、《重进汴都赋表》（《挥麈馀话》）、《勅赐唐二高僧师号记》（《严陵集》）。遗诗则钱塘丁立中重刻《汴都赋》附录。除录《宋诗纪事》外，尚有补辑。其目为：《过羊角哀左伯桃墓》一首、《凤凰台》一首、《仙杏山》一首（出《景定建康志》）、《曝日》一首（出《齐东野语》）、《天赐白》一首（出陈郁《藏一话腴》）、《春帖子》一首（出《合璧事类》）、《春雨》一首（出后村《千家诗》）、《赠常熟贺公叔隐士》一首（出《琴川志》）、《竹城》一首（出《江宁志》）、《投子山》一首、《宿灵仙观》一首、《芝术歌》一首（均出《茅山志》）。

而陈元靓《岁时广记》中，尚有《内制》、《春帖子》诗二断句，为丁氏所未录。又《宝真斋法书赞》（卷十八）、《郁氏书画题跋记》（卷一）各有一帖，溧阳端制军（方）藏有先生手迹，亦未见。至遗文，则《圣宋文海》、《播芳文粹》尚有之，未及检也。

《清真词》二卷、《续集》一卷

《书录解题》集部歌词类："周美成邦彦撰。多用唐人诗语櫽括入律，浑然天成。长调尤善铺叙，富艳精工，词人之甲乙也。"

《注清真词》二卷

同上歌词类，曹杓季中注，自称一壶居士。

《片玉词》二卷

晋阳强焕序："文章政事，初非两途。学之优者，发而为政，必有可观；政有其暇，其游艺于咏歌者，必其才有馀刃者也。溧水为负山之邑，官赋浩穰，民讼纷沓，似不可以弦歌为政。而待制周公，元祐癸酉春中为邑长于斯。其政敬简，民到于今称之者，固有馀爱。而其尤可称者，于拨烦治剧之中，不妨舒啸，一觞一咏，句中有眼。脍炙人口者，又有馀声，洋洋乎在耳，则其政有不亡者存。余慕周公之才名有年于兹，不谓于八十馀载之后，踵公旧梧，既喜而且愧。故自到任以来，访其政事，于所治后圃，得其遗致，有亭曰'姑射'有堂曰'萧闲'，皆取神仙中事。揭而明之，可以想像其襟抱之不凡。而又睹'新绿'之池，'隔浦'之莲，依然在目，抑又思公之词，其模写物态，曲尽其妙，方思有以发扬其声之不可忘者而未能。及乎暇日，从容式燕嘉宾，歌者在上，果以公之词为首唱，夫然后知邑人爱其词，乃所以不忘其政也。今欲广邑人爱之之意，故衷公之词，旁搜远绍，仅得百八十有二章，釐为上下卷。乃辍俸馀，鸠工锓木，以寿其传，非惟慰邑人之思，亦冀传之有所托，俾人声其歌者，足以知其才之优于为邑如此，故冠之以序，而述其意云。公讳邦彦，字美成，钱塘人也。淳熙岁在上章困敦孟陬月疆围赤奋若。晋阳强焕序。"

明毛晋跋："美成于徽宗时提举大晟乐府，故其词盛行于世。余家藏凡三本：一名《清真集》，一名《美成长短句》，皆不满百阕，最后得宋刻《片玉集》二卷，计词一百八十有奇，晋阳强焕为序。余见评注炪杂，一一削去，理其讹谬，间有兹集不载，错见清真诸本者，附补遗一卷。美成庶无遗憾云。若乃诸名家之甲乙，久著人间，无待予备述也。湖南毛晋识。"

《四库全书总目·集部·词曲类》："《片玉集》二卷，补遗一卷，宋周邦彦撰。邦彦字美成，钱塘人。元丰中，献《汴都赋》，召为太学正。徽宗朝，仕至徽猷阁待制，出知顺昌府，徙处州，卒。自号清真居士。《宋史·文苑传》称邦彦'疏隽少检，不为州里推重。好音乐，能自度曲，制乐府长短句，词韵清蔚。'《艺文志》载《清真居士集》十一卷，盖其诗文全集，久已散佚。其附载诗馀与否，不可复考。陈振孙《书录解题》载其词有《清真集》（当作《清真词》）二卷，后集一卷。此编名曰《片玉》，据毛晋跋，称为宋时刊本所题。原作二卷，其补遗一卷，则晋采各选本成之。疑旧本二卷，即所谓《清真集》，晋所掇拾，乃其后集所载也。卷首有强焕序，与《书录解题》所传合。其词多用唐人诗句隐括入调，浑然天成，长篇尤富艳精工，善于铺叙。陈郁《藏一话腴》谓其'以乐府独步，贵人学士市侩妓女，皆知其词为可爱。'非溢美也（下略）。"

案：此疑旧本二卷，为直斋著录之《清真词》。"晋所掇拾，乃其后集，"误，辨见下。

《清真诗馀》（见郑瑶《景定严州续志》、黄升花庵《绝妙词选》）
《圈法美成词》（张炎《词源》卷下）
《详注周美成片玉集》十卷

漳江陈元龙少章注。

刘肃序："辞不轻措，辞之工也。阅辞必详其所以措，工于阅者也。措之非轻，而阅之非详，工于阅而不工于措，胥失矣，亦奚望焉？是知雌霓之诵，方脱诸口，而见谓知音白题，八滑之事既陈，而当世之疑已释。楛矢萍实，苟非推其所从，则是物也，弃物耳，谁欤能知？触物而不明其原，睹事而莫徵所自，与冥行何别？故曰：无张华之博，则孰知五色之珍；乏雷焕之识，则孰辨冲斗之灵？况措辞之工，岂不有待于阅者之笺释耶！周美成以旁搜远绍之才，寄情长短句，缜密典丽，流风可仰。其徵辞引类，推古夸今。或借字用意，言言皆有来历，真足冠冕词林。欢筵歌席，率知崇爱，知其故实者几何人斯？殆犹属目于雾中花、云中月，虽意其美，而皎然识其所以美，则未也。漳江陈少章家世以学问文章，为庐陵望族。涵泳经籍之暇，阅其辞，病旧注之简略，遂详而疏之俾歌之者究其事、达其意，则美成之美益彰。犹获昆山之片珍，琢其质而彰其文，岂不快夫人之心目也。因命之曰《片玉集》云。庐陵刘肃必钦序。"

阮元《四库未收书提要》："《详注周美成片玉集》十卷。周邦彦所撰《片玉词》二卷《四库全书》已著录。此宋陈元龙注释本。元龙字少章，庐陵人。是书分春夏秋冬四景及单题杂赋诸体为十卷。元龙以美成词借字用意，言言俱有来历，乃广为考证详加笺注焉。"

《清真集》卷二

明无名氏跋："隆庆庚午用复所司李藏元人巾箱本，命胥鲁颂照录讫。盟鸥园主人记。"

王鹏运跋："右影元巾箱本《清真集》二卷，附《集外词》一卷。案：美成词传世者，以汲古毛氏《片玉词》为最著。近仁和丁氏《西泠词萃》所刻，即汲古本。此本二卷，百二十七阕，为余家所藏。末有盟鸥主人志语，盖明钞元本也。编次体例，与《片玉词》迥别，而调名字句，亦多不同。陈振孙《书录解题》云：'《清真集》二卷，后集一卷。'又毛子晋《片玉词》跋：'《美成词》一名《清真集》，一名《美成长短句》，皆不满百阕。'与此均不合。久欲刊行，以旧钞剥蚀过甚，无本可校而止。去年从孙驾航京兆丈，假得元刻庐陵陈元龙《片玉词》注本编次体例与钞本正同，特分卷与题号异耳。爰据陈注校订，依式影写，付诸手民。其集中所无，而见于毛刻者共五十四阕，为《集外词》一卷附后。毛本强序，陈注刘序，钞本不载，今皆补入。《美成词》又名《片玉词》，据序，即刘必钦改题也。

光绪丙申春三月十有三日,临桂王鹏运鹜翁记。"

案:先生词集,行于世者,今惟毛刻《片玉词》二卷;王刻《清真集》二卷、陈注《片玉集》十卷,则元刻仅存。又见仁和劳騛卿手钞振绮堂藏《片玉集》十卷,目录之下,略有注释,词中注多已削去,殆亦从陈本出。其古本,则见于《景定严州续志》、《花庵词选》者,曰《清真诗馀》;见于《词源》者,曰《圈法美成词》;见于《直斋书录》者,曰《清真词》、曰曹杓注《清真词》,又与方千里、杨泽民《和清真词》合刻者,曰《三英集》(见毛晋、方千里《和清真词跋》)。予晋所藏《清真集》与王刊元本不同,其《氏州第一》一首作《熙州摘遍》,此宋人语,非元以后人所知,则其源亦出宋本。加以溧水本,是宋时已有七本。而陈注《片玉集》十卷、王刻《清真集》二卷,则为元本。毛跋之《美成长短句》,不识编于何时。别本之多,为古今词家所未有。溧水本编于淳熙庚子,故阕数虽多,颇有伪词。陈注十卷与王刻二卷,编次均同。方千里、杨泽民《和词》,既不据溧水本,又题《和清真词》,则必据《清真词》。今其次序,与陈注本、王刊本正同,则此二本疑即出于《直斋》著录之《清真词》三卷。今以此数本比较观之,方、杨《和词》均至《满路花》而止(陈注本卷八之末,王刊本卷二第五十三阕),而陈注本、王刊本尚有《绮寮怨》以下三十一阕。疑宋本《清真词》二卷,当至《满路花》止,而《绮寮怨》以下即所谓后集。王刊元本以后集一卷合于下卷,而陈本则分前集为八卷,后集为二卷,虽皆出于《清真词》,然皆非《清真词》之旧矣。由此观之,则《清真词》三卷之编次,亦复不难推测。至毛刊《片玉词》,子晋谓出宋本,或据陈注本刘必钦序谓:片玉之名,乃必钦所改题,溧水旧本,不应先有此名。然此本编次既与他本绝异,而所增词甚多,其中伪作间出,而其佳者,又绝非清真不办,且陈允平《西麓继周集》全从此本次第,足证宋末已有此本。又子晋未见陈注本,则亦无从改题为"片玉",余疑刘序乃释"片玉"二字,特措辞不伦,此又元、明人常态,无足怪也。又疑《清真词》三卷,篇篇精粹,虽非先生手定,要为最先之本。考王灼《碧鸡漫志》，成于绍兴己巳，而书中已有"美成集中多新声"一语，则先生词集，绍兴间已盛行矣。《片玉》本强焕所编，又益以未收诸词，既编于数十年后，羼入他作，自不能免。惟子晋宋本之说，固无可疑也。

《大观礼书宾军等四礼》五百五卷。《看详》十二卷。

《大观新编礼书吉礼》二百三十二卷。《看详》十七卷（均见《宋史·艺文志》）

《祭服制度》十六卷（大观三年成，见《礼志》。）

《五礼》四百七十七卷（政和元年成，见《礼志》。此四种，疑即《五礼新仪》之长编也。）

《政和五礼新仪》二百四十卷（政和三年成，见《礼志》、《艺文志》。）

《徽宗御序》（题政和新元三月一日。文烦不录。）

《尚书省牒议礼院知枢密院事郑居中等札子》奏："窃以礼有五经，而威仪至于三千。事为节文，物有防范，本数末度，形名比详。遭秦变古，书缺简脱。远则开元所纪，多袭隋余；近则开宝之传，间存唐旧。在昔神考，跻时极治，新美宪章，是正郊庙，缉熙先猷，实在今日。恭惟陛下，德备明圣，观时会通，考古验今，没情称事，断之圣学，付之有司，因革纲要，既为礼书，纤悉科条。又载仪注，勒成一代之典，跨越三王之隆。臣等备员参订，复更岁月，悉禀训持，靡所建明。谨编成《政和五礼新仪》并序例，总二百二十卷，目录六卷，共一百二十六册。辨疑正讹，推本六经，朝著官称，一遵近制。上之御府，仰尘乙览，恭候宸笔裁定，其以治神人以辨上下。从事新书，其自今始，若夫搜补阙遗，讲明稀阔，告成功而示德意，则臣等顾虽匪材，犹当时顺圣意而成之。取进止牒，奉勅宜颁降牒至，准勅故牒。政和三年四月二十九日牒。

《书录解题》："《政和五礼新仪》二百四十卷，目录五卷，议礼局官知枢密院郑居中，尚书白时中、慕客彦逢，学士强洲明等撰。首卷祐陵御制序，次九卷御笔指挥，次十卷御制冠礼，余二百二十卷，局官所修也。"

案《宋史·职官志》："议礼局，大观元年，诏于尚书省置，以执政兼领详议官二员，以两制充应，凡礼制本末，皆议定取旨。政和三年《五礼仪注》成，罢局。"今案《政和五礼新仪》卷首，尚书省牒后修书官衔名，则检讨官有郭熙、丁彬、王俣、莫俦、李邦彦、叶著、苏恒七人。详议官有宇文粹中、张漴、刘焕、强渊明、慕容彦逢五人。详定官白时中一人，而郑居中则不署局中何官，盖总领局事也。中无先生衔名，盖时已出知隆德府，不在经进之列。《新仪》前诸札子中，尚有检讨官俞橐（亦见《宋史·舆服志》）、张邦光（政和元年）二人，详议官薛昂（大观二年）一人，均未列衔，当同是例。此外如刘昺尝领局事，先生尝为检讨官，则仅见《宋史》本传。史谓先生出知河中府，徽宗欲使毕礼书，留之，固在秉笔之列。而及《太常礼》就，大署欧阳，《六典注》成，但书林甫，虽进书之例宜然，亦后人所当考核者矣。局中成书千余卷，至宋末仅存《五礼新仪》（见《宋史·礼志》）。今日传本，除阁本外，常熟瞿氏、归安陆氏、仁和丁氏、江阴缪氏，均有钞帙，中阙二十卷，各家相同。国维见汪钝翁家钞本，钝翁曾以传是楼宋本《校正后记》云："宋本所缺者，无从校补。"则此书残阙久矣。

尚论三

先生家世钱塘，自祖父以上，均不可考。有名邠者，乃先生之从父。《咸湻志》云："邠字开祖，嘉祐八年登进士第。熙宁间苏轼倅杭，多与酬唱，所谓周长官者是也。轼后自密州改除河中府，过潍州，邠时为乐清令，以《雁荡图》寄轼，有诗，轼和韵有"西湖三载与君同"之句。后轼知湖州，以诗得罪，邠亦坐罚金。元祐初，邠知管城县，乞复管城为郑州，有兴废补败之力。由是通判寿春府，见苏辙所行告词。后知吉州，官至朝请大夫、上轻车都尉。其丘墓在南荡山。邠系元符末上书人，崇宁初第，为上书邪等。政和五年，又为僧怀显序《钱唐胜迹记》。盖历五朝云。侄邦彦。"（咸淳《临安志·人物传》以《九朝通略》、《东坡年谱》及《乾道志》修）。

案：案茅山志载先生《芝术歌序》云："道正卢至恭得芝一本于术间，邦彦请乞于卢，持寿叔父。"中有句云："庐陵太守蕴仙风。"邠尝知吉州，故云"庐陵太守"。然则邠乃先生叔父也。《咸淳志·人物》尚有周邦式，字南伯著名钱唐，中元丰二年进士，官至提点江东刑狱，知宿州，滑州，皆不赴，提举南京鸿庆宫。十二年，起知处州，不行。积官中大夫。其传即在先生传后。盖先生兄弟行，而亦知处州，亦提举南京鸿庆宫，可谓盛事。

先生子姓无考。《四库全书总目》："《清波杂志》十二卷，《别志》三卷，宋周辉撰。辉字昭礼，邦彦之子。"案：辉书中载其父事，至绍兴中尚存，又事绝不与先生类，决非一人也。

先生有孙，与岳倦翁相知。《宝真斋法书赞》云："嘉泰甲子十二月，舟过吴门，遇公之孙某，同上兰省。"但名字官阶，均不可考。曾孙铸，则嘉泰中与楼忠简共编定先生文集者也。案：《桯史》云："辛稼轩守南徐，予来筦仕委吏。时以乙丑南宫试，岁前莅事，仅两旬即谒告去"云云。则倦翁于甲子十二月过吴门，实应乙丑省试。时先生之孙尚赴南宫，而曾孙已与攻媿编定先生文集。可知先生有数孙也。

先生冢墓在杭南荡山，（《咸淳志》、《梦粱录》均同）故后裔自明州复徙于此。《咸淳志》云："子孙今居定山之北乡"是也。

先生卒年，《宋史》、《东都事略》、《咸淳志》皆云"年六十六"，而据《玉照新志》，则先生实以宣和三年辛丑卒。以此上推，则当生于仁宗嘉祐二年也。

宋太学生额，熙宁初九百人，后稍增至千人。至元丰二年，诏增太学生舍为八十斋，斋三十人，外舍生二千人，内舍生三百人，上舍生百人。（《宋史·选举志》）先生入都为太学生，当在此时。词中《西平乐序》：

"元丰初,予以布衣西上,过天长道中。"亦足证也。

先生所历之官,为太学正、国子主簿、秘书省正字、校书郎、考工员外郎、卫尉少卿、宗正少卿、卫尉卿秘书监,所带之职则为直龙图阁、徽猷阁待制。所任之差遣,则在朝为议礼局检讨官,提举大晟府;在外则教授庐州、知溧水县、知河中府、知隆德府、知明州、知真定府、知顺昌府、知处州。河中真定、处州,均未之官。故楼攻媿序但云"三绾州麾"。至《挥麈馀话》谓"先生尝为秘书少监",《浩然斋雅谈》谓"尝为起居舍人",均不足信。胡仔《渔隐丛话》、王楙《野客丛书》称先生为周侍郎,亦误也。

先生交游殊不易考,其见于遗诗者,则有蔡天启、贺公叔。《片玉词》下《鬓云松令》一阕"送傅国华奉使三韩"。案:《宋史·高丽传》:"宣和四年高丽王俣卒,诏给事中路允迪、中书舍人傅墨卿奠慰,留二年而归。"（徐兢《宣和奉使高丽国经序》同。）国华当即墨卿字。时为中书舍人,故词中有"凤阁鸾坡,看即飞腾去"之句。时先生已卒,即未卒,亦不应复入京师,此词必系他人之作。又《片玉词》上有《水调歌头》一阕"中秋寄李伯纪大观文"。案:忠定初罢宣抚使,除观文殿学士,知扬州,在靖康元年九月,其罢左仆射为观文殿大学士在建炎元年八月,十月①落职,至绍兴二年,复拜观文殿学士、湖广宣抚使,均在先生卒后。且忠定为观文殿大学士仅历两月,其词亦不似建炎倥偬时之作,其伪无疑。则先生与二人有交际否,殊不可考。其在议礼局,则上官同僚有郑居中等十数人。其提举大晟府,则僚属有徐伸干臣（典乐）、田为不伐（初为制撰官,后为典乐大司乐。）、姚公立（协律郎）、晁冲之叔用（大晟府丞。然大晟府官制无丞,疑即是大乐令。官与太常寺丞同。）江汉朝宗,万俟咏雅言,晁端礼次膺。（均制撰官,大晟后为协律郎。）其在顺昌,则与王性之相知。交游可考者,如此而已。（徐伸见《挥麈馀话》,田为见《宋史·乐志》,方伎《魏汉津传》,姚公立见《直斋录》,晁冲之见《独醒杂志》。江汉诸人见《铁围山丛谈》、《碧鸡漫志》。唯徐伸、晁冲之官大晟府在政和初,未必与先生提

---

① "十月",原作"十日",据罗本改。

举同时耳。)

　　先生于熙宁、元祐两党，均无依附。其于东坡，为故人子弟。哲宗初，东坡起谪籍，掌两制，时先生尚留京师，不闻有往复之迹。其赋汴都也，颇颂新法，然绍圣之中，不因是以求进。晚年稍显达，亦循资格得之。其于蔡氏，亦非绝无交际。盖文人脱略，于权势无所趋避，然终与强渊明，刘昺诸人，由蔡氏以跻要路者不同。此则强焕政事之目，或属谀词，攻媿委顺之言，殆为笃论者已。徽宗时，士人以言大乐，颂符瑞进者甚多。楼序《潜志》，均谓先生妙解音律，其提举大晟府以此。然当大观、崇宁制作之际，先生绝不言乐。至政和末，蔡攸提举大晟府，力主田为而排任宗尧。(事见《宋史·乐志》及方伎《魏汉津传》。)先生提举，适当其后，不闻有所建议，集中又无一颂圣贡谀之作。然则弁阳翁所记颇悔少作之对，当得其实，不得以他事失实，而并疑之也。

　　先生少年，曾客荆州。《片玉词》上有《少年游》"南都石黛扫晴山"一阕注云："荆州作。"(《片玉集》无此注。)又《渡江云》词云："晴岚低楚甸。"《风流子》词云："楚客惨将归。"均此时作也。其时当在教授庐州之后，知溧水之前。集中《齐天乐》"绿芜凋尽台城路"一首，作于金陵，当在知溧水前后，而其换头云："荆江留滞最久，故人相望处，离思何限。"此其证也。又《琐窗寒》词云："似楚江暝宿，风灯零乱，少年羁旅"，时先生方三十馀岁，虽云"少年"可也。

　　先生《友议帖》：(见《宝真斋法书赞》)"罪逆不死，奄及祥除，食贫所驱，未免禄仕。此月挈家归钱唐，展省坟域，季春远当西迈。"此帖岁月虽不可考，味"西迈"一语，或即在客荆州之际。果尔，则在荆州，亦当任教授等职。

　　先生游踪，或至关中，故有《西河》"长安道"一阕。惟此词真伪，尚不可定，又无他词足证。至《苏幕遮》词所云："家在吴门，久作长安旅。"则以汴都为长安也。

　　先生出知隆德府，当在政和二三年之交，《五礼新仪》进于政和三年四月二十九日。书中不列衔，盖已莅潞州矣。至五年，徙知明州，则在潞州盖及二年以上。

先生以直龙图阁知明州,在政和五年。其次年即以显谟阁待制毛友代之,见乾道《四明图经》,《太守题名》记(《宝庆》、《延祐》二志同)则其入为秘书监即在次年也。

先生出知顺昌府,据《鸡肋编》,在王寀,刘昺获罪之后。而《挥麈后录》载开封尹盛章命其子并释昺《和寀诗》有"来年庚子"之语,则必在宣和己亥(元年)以前。又案:《昺传》:"昺免死,长流琼州,乃刑部尚书范致虚为请。"考致虚于重和元年九月自刑部尚书为尚书右丞,则寀、昺获罪必在重和元年九月前。先生出外,亦在是岁矣。

先生晚年,自杭徙居睦州,故严陵集有先生《勅赐唐二高僧师号记》。景定《严州续志》载州校书板有《清真集》、《清真诗馀》。以此,集中《一寸金》词恐亦在睦州时改定也。

宋时钱唐词人以先生与潘阆为最著,而二人身后毁誉,适得其反,可谓有幸有不幸矣。逍遥获罪之事,宋人所记亦不一,谓"太宗晚年烧炼丹药,潘阆尝献方书,惧诛,匿舒州潜山寺为行"者,刘贡父诗话之说也。谓"阆为秦王记室参军,王坐罪下狱,捕阆急,阆自髡其发,后编置信上"者,叶绍翁《四朝闻见录》之说也。谓"坐卢多逊党,追捕,变姓名,僧服入中条山"者,沈括《梦溪笔谈》之说也。谓"太宗大渐时,阆与内侍王继恩等,谋立太祖之孙惟吉,寻悉诛窜"者,《挥麈馀话》之说也。《宋史·王继恩传》言阆与继恩交通状,而不及易储事。《吕端传》言继恩等谋立楚王元佐,而不及太祖孙惟吉。(案:元佐亦字惟吉,疑即一事。)参考诸说,知阆曳裾王门,纳交宦侍,至以布衣与人家国事,决非高蹈之士。徒以东坡盛称其诗,陆子适跋《逍遥集》,遂以杨朴、魏野比之,殊为失实。先生立身颇有本末,而为乐府所累,遂使人间异事皆附苏秦,海内奇言尽归方朔。廓而清之,亦后人之责矣。

先生《汴都赋》变《二京》、《三都》之形貌,而得其意,无十年一纪之研炼,而有其工。壮采飞腾,奇文绮错。二刘博奥,乏此波澜;两苏汪洋,逊其典则。至令同时硕学,只诵偏旁;异世通儒,或穷音释。

然在先生，犹为少作已！

《重进汴都赋表》，高华古质，语重味深，极似荆公制诰表启之文。末段仿退之《潮州谢上表》，在宋四六中，颇为罕觏。进《五礼新仪》札子，语尤简古，又与《重进赋表》同一机杼。时先生虽已在外，疑亦出其手也。

先生诗之存者，一鳞片爪，俱有足观。至如《曝日》诗云："冬曦如村酿，微温只须臾。行行正须此，恋恋忽已无。"语极自然，而言外有北风雨雪之意，在东坡和陶诗中犹为上乘，惜仅存四句也。

陈元靓《岁时广记》有先生内制《春帖子》三断句。案：宋制，《春帖子》词，均翰林学士为之，先生未任此官，殆为人代作耶？

先生诗文之外，兼擅书法。岳倦翁《法书赞》称其"体具态全"。董史《皇宋书录》谓其"正行皆善"。又《石刻铺叙凤墅堂帖》第二十卷中刻有周清真书。古人能事之多，自不可测也。

先生于诗文，无所不工，然尚未尽脱古人蹊径。平生著述，自以乐府为第一。词人甲乙，宋人早有定论，惟张叔夏病其意趣不高远。然北宋人如欧、苏、秦、黄，高则高矣，至精工博大，殊不逮先生。故以宋词比唐诗，则东坡似太白，欧、秦似摩诘，耆卿似乐天，方回、叔原，则大历十子之流。南宋惟一稼轩，可比昌黎。而词中老杜，则非先生不可。昔人以耆卿比少陵，犹为未当也。

先生之词，陈直斋谓其"多用唐人诗句隐括入律，浑然天成"。张玉田谓其"善于融化诗句"。然此不过一端，不如强焕云："模写物态，曲尽其妙。"为知言也。

山谷云："天下清景，不择贤愚而与之，然吾特疑端为我辈设。"诚哉是言，抑岂独清景而已。一切境界，无不为诗人设，世无诗人，即无此种境界。夫境界之呈于吾心，而见于外物者，皆须臾之物，惟诗人能以此须臾之物，镌诸不朽之文字，使读者自得之，遂觉诗人之言，字字为我心中所欲言，而又非我之所能自言。此大诗人之秘妙也。境界有二：有诗人之境界，有常人之境界。诗人之境界，惟诗人能感之，而能写之，故读其诗者，亦高举远慕，有遗世之意，而亦有得有不得。且得之者亦各有深浅焉。若夫悲欢离合，羁旅行役之感，常人皆能感之，而惟诗人能写之。故其入于人者至深，而行于世也尤广。先生之词，属于第二种为多。故宋时别本之多，他无与匹。又和者三家，注者二家（强焕本亦有注，见毛跋）自士大夫以至妇人女子，莫不知有清真，而种种无稽之言，亦由此以起。然非入人之深，乌能如是耶？

楼忠简谓先生"妙解音律"，惟王晦叔《碧鸡漫志》谓："江南某氏者，解音律，时时度曲。周美成与有瓜葛，每得一解，即为制词。故周集中多新声。"则集中新曲，非尽自度。然"顾曲"名堂，不能自已，固非不知音者。故先生之词，文字之外。须兼味其音律。惟词中所注宫调，不出"教坊十八调"之外。则其音非大晟乐府之新声，而为隋、唐以来之燕乐，固可知也。今其声虽亡，读其词者，犹觉拗怒之中，自饶和婉。曼声促节，繁会相宜；清浊抑扬，辘轳交往。两宋之间，一人而已。

先生逸词，除毛氏所录《草堂》数阕外，罕有所见。只《乐府雅词拾遗》下有《南歌子》一首，《能改斋漫录》载先生增王晋卿"烛影摇红"半阕耳。惟伪词最多，强焕本所增，强半皆是。如《片玉词》上《青玉案》"良夜灯光簇红豆"一阕，乃改山谷《忆帝京》词为之者，决非先生作，不独《送傅国华》、《寄李伯纪》二首，岁月不合也。

年表四

纪年		时事	出处
仁宗嘉祐 二年丁酉	一岁		
英宗治平 元年甲辰	八岁		
神宗熙宁 元年戊申	十三岁		

续表

纪年	时事	出处
元丰元年戊午　二十三岁		
二年己未　二十四岁	增太学生千人为二千四百人。清汴成。	入都为太学生当在是岁。
三年庚申　二十五岁		
四年辛酉　二十六岁		
五年壬戌　二十七岁	四月官制成。九月景灵宫成。	
六年癸亥　二十八岁		七月进《汴都赋》，自诸生一命为太学正。
七年甲子　二十九岁		
八年乙丑　三十岁		
哲宗元祐元年丙寅　三十一岁	诏齐、庐、宿、常等州各置教授一员。	
二年丁卯　三十二岁		教授庐州。
三年戊辰　三十三岁		
四年己巳　三十四岁		
五年庚午　三十五岁		
六年辛未　三十六岁		
七年壬申　三十七岁		以上数年当在荆州。
八年癸酉　三十八岁		春知溧水县。
绍圣元年甲戌　三十九岁		
二年乙亥　四十岁		
三年丙子　四十一岁		尚在溧水任，作《插竹亭记》。
四年丁丑　四十二岁	咸阳人段义上玉玺。	还为国子主簿当在此数年。

续表

纪年	时事	出处
元符元年戊寅　四十三岁		六月十八日召对崇政殿，重进《汴都赋》，除秘书省正字。
二年己卯　四十四岁		
三年庚辰　四十五岁		
徽宗建中、靖国元年辛巳　四十六岁		迁校书郎。
崇宁元年壬午　四十七岁		
二年癸未　四十八岁		
三年甲申　四十九岁		
四年乙酉　五十岁	八月置大晟府。	
五年丙戌　五十一岁		
大观元年丁亥　五十二岁	置议礼局于尚书省，命详议检讨官具礼制，本未议定，请旨。	历考功员外郎、卫尉、宗正少卿兼议礼局检讨，当在此数年。
二年戊子　五十三岁		
三年己丑　五十四岁	议礼局成《吉礼》二百三十一卷，《祭服制度》十六卷。	
四年庚寅　五十五岁		
政和元年辛卯　五十六岁	议礼局分秩《五礼》成书四百七十卷。帝始微行。	迁卫尉卿，又以直龙图阁知河中府，帝留之，当在此年。
二年壬辰　五十七岁		出知隆德府，当在此年。
三年癸巳　五十八岁	议礼局成《五礼新仪》二百廿卷，罢局。	
四年甲午　五十九岁	以大晟乐颁天下。	

续表

纪年	时事	出处
五年乙未　六十岁		徙知明州。刘昺迁户部尚书,荐先生自代,不用。
六年丙申　六十一岁		入为秘书监,进徽猷阁待制,提举大晟府。
七年丁酉　六十二岁		
重和元年戊戌　六十三岁	刘琼昺获罪,长流州。①	出知真定府,改顺昌府。
宣和元年己亥　六十四岁		
二年庚子　六十五岁	方腊反。罢大晟府。	徙知处州,旋罢官。提举南京鸿庆宫当在前年或此年。是岁居睦州,适方腊反,还杭州,又绝江居扬州。
三年辛丑　六十六岁		正月遇天长至南京,卒于鸿庆宫斋厅。

---

① 此句有误,或当为"刘昺获罪,长流琼州"。(据周锡山校)

红楼梦评论

一、人生及美术之概观

老子曰:"人之大患,在我有身。"庄子曰:"大块载我以形,劳我以生。"忧患与劳苦之与生相对待也久矣。夫生者,人人之所欲;忧患与劳苦者,人人之所恶也。然则,讵不人人欲其所恶、而恶其所欲欤?将其所恶者,固不能不欲,而其所欲者,终非可欲之物欤?人有生矣,则思所以奉其生。饥而欲食,渴而欲饮,寒而欲衣,露处而欲宫室,此皆所以维持一人之生活者也。然一人之生,少则数十年,多则百年而止耳。而吾人欲生之心,必以是为不足。于是于数十年百年之生活外,更进而图永远之生活:时则有牝牡之欲家室之累,进而育子女矣,则有保抱扶持饮食教诲之责,婚嫁之务。百年之间,早作而夕思,穷老而不知所终,问有出于此保存自己及种姓之生活之外者乎?无有也。百年之后,观吾人之成绩,其有逾于此保存自己及种姓之生活之外者乎?无有也。又人人知侵害自己及种姓之生活者之非一端也。于是相集而成一群,相约束而立一国,择其贤且智者以为之君。为之立法律以治之,建学校以教之,为之警察以防内奸,为之陆海军以御外患,使人人各遂其生活之欲而不相侵害:凡此皆欲生之心之所为也。夫人之于生活也,欲之如此其切也,用力如此其勤也,设计如此其周且至也,固亦有其真可欲者存欤?吾人之忧患劳苦,固亦有所以偿之者欤?则吾人不得不就生活之本质,熟思而审考之也。

既偿一欲,则此欲以终。然欲之被偿者一,而不偿者什伯。一欲既终,他欲随之。故究竟之慰籍,终不可得也。即使吾人之欲悉偿,而更无所欲之对象,倦厌之情即起而乘之。于是吾人自己之生活,若负之而不胜其重。故人生者，如钟表之摆，实往复于痛苦与倦厌之间者也，夫倦厌固可视为苦痛之一种。有能除去此二者，吾人谓之曰快乐。然当其求快乐也。吾人于固有之苦痛外，又不得不加以努力，而努力亦苦痛之一也。且快乐之后，其感苦痛也弥深。故苦痛而无回复之快乐者有之矣，未有快乐而不先之或继之以苦痛者也。又此苦痛与世界之文化俱增，而不由之而减。何则？文化愈进，其知识弥广，其所欲弥多，又其感苦痛亦弥甚，故也。然则人生之所欲，既无以逾于生活，而生活之性质，又不外乎苦痛，故欲与生活，与苦痛，三者一而且已。

吾人生活之性质，既如斯矣，故吾人之知识，遂无往而不与生活之欲相关系，即与吾人之利害相关系。就其实而言之，则知识者，固生于此欲，而示此欲以我与外界之关系，使之趋利而避害者也。常人之知识，止知我与物之关系，易言以明之，止知物之与我相关系者，而于此物中又不过知其与我相关系之部分而已。及人知渐进，于是始知欲知此物与我之关系，不可不研究此物与彼物之关系。知愈大者，其研究逾远焉。自是而生各种之科学：如欲知空间之一部之与我相关系者，不可不知空间全体之关系，于是几何学兴焉。（按西洋几何学 Geometry 之本义系量地之意，可知古代视为应用之科学，而不视为纯粹之科学也。）欲知力之一部之与我相关系者，不可不知力之全体之关系，于是力学兴焉。吾人既知一物之全体之关系，又知此物与彼物之全体之关系，而立一法则焉，以应用之。于是物之现于吾前者，其与我之关系，及其与他物之关系，粲然陈于目前而无所遁。夫然后吾人得以利用此物，有其利而无其害，以使吾人生活之欲，增进于无穷。此科学之功效也。故科学上之成功，虽若层楼杰观，高严巨丽，然其基址则筑乎生活之欲之上，与政治上之系统，立于生活之欲之上无以异。然则吾人理论与实际之二方面，皆此生活之欲之结果也。

由是观之，吾人之知识与实践之二方面，无往而不与生活之欲相关系，即与苦痛相关系。有兹一物焉，使吾人超然于利害之外，而忘物与我之关系。此时也，吾人之心，无希望，无恐怖，非复欲之我，而但知之我也。此犹积阴弥月，而旭日杲杲也，犹覆舟大海之中，浮沉上下，而飘著于故乡海岸也；犹阵云惨淡，而插翅之天使，赍平和之福音而来者也；犹鱼之脱于罾网，鸟之自樊笼出而游于山林江海也。然物之能使吾人超然于利害之外者，必其物之于吾人无利害之关系而后可；易言以明之，必其物非实物而后可。然则非美术何足以当之乎？夫自然界之物，无不与吾人有利害之关系；纵非直接，亦必间接相关系者也。苟吾人而能忘物与我之关系而观物，则夫自然界之山明水媚，鸟飞花落，固无往而非华胥之国，极乐之土也。岂独自然界而已？人类之言语动作，悲欢啼笑，孰非美之对象乎？然此物既与吾人有利害之关系，而吾人欲强离其关系而观之，自非天才，岂易及此？于是天才者出，以其所观于自然人生中者复现之于美术中，而使中智以下之人，亦因其物之与己无关系，而超然于利害之外。是故观物无方，因人而变：濠上之鱼，庄、惠之所乐也，而渔父袭之以网罟；舞雩之木，孔、曾之所憩也，而樵者继之以斤斧。若物非有形，心无所住，则虽殉财之夫，贵私之子，宁有对曹霸、韩干之马，而计驰骋之乐，见毕宏、韦偃之松，而观思栋梁之用；求好逑于雅典之偶，思税驾于金字之塔者哉？故美术之为物，欲者不观，观者不欲；而艺术之美所以优于自然之美者，全存于使人易忘物我之关系也。

而美之为物有二种：一曰优美，一曰壮美。苟一物焉，与吾人无利害之关系，而吾人之观之也，不观其关系，而但观其物；或吾人之心中，无丝毫生活之欲存，而其观物也，不视为与我有关系之物，而但视为外物，则今之所观者，非昔之所观者也。此时吾心宁静之状态，名之曰优美之情，而谓此物曰优美。若此物大不利于吾人，而吾人生活之意志为之破裂，因之意志遁去，而知力得为独立之作用，以深观其物，吾人谓此物曰壮美，而谓其感情曰壮美之情。普遍之美，皆属前种。至于地狱变相之图，决斗垂死之像，庐江小吏之诗，雁门尚书之曲，其人固氓庶之所共怜，其遇虽戾夫为之流涕，讵有子颓乐祸之心，宁无尼父反袂之戚，而吾人观之不厌。千复格代之诗曰："What in life doth only grieve us. That in art we gladly see."（凡人生中足以使人悲者，于美术中则吾人乐而观之。）此之谓也。此即所谓壮美之情。而其快乐存于使人忘物我之关系则固与优美无以异也。

至美术中之与二者相反者，名之曰眩惑。夫优美与壮美，皆使吾人离生活之欲，而入于纯粹之知识者。若美术中而有眩惑之原质乎，则又使吾人自纯粹之知识出，而复归于生活之欲。如粔籹蜜饵，《招魂》、《七发》之所陈；玉体横陈，周昉、仇英之所绘；《西厢记》之《酬柬》、《牡丹亭》之《惊梦》、伶元之传飞燕，杨慎之赝《秘辛》：徒讽一而劝百，欲止沸而益薪。所以子云有"靡靡"之消，法秀有"绮语"之诃。虽则梦幻泡影，可作如是观，而拔舌地狱，专为斯人设者矣。故眩惑之于美，如甘之于辛，火之于水，不相并立者也。吾人欲以眩惑之快乐，医人世之苦痛，是犹欲航断港而至海，入幽谷而求明，岂徒无益，而又增之。则岂不以其不能使人忘生活之欲，及此欲与物之关系，而反鼓舞之也哉！眩惑之与优美及壮美相反对，其故实存于此。

今既述人生与美术之概略如左。吾人且持此标准，以观我国之美术。而美术中以诗歌、戏曲、小说为其顶点，以其目的在描写人生故。吾人于是得一绝大著作曰《红楼梦》。

二、红楼梦之精神

伯格之诗曰：

"Ye wise men, highly deeply Learned,

Who think it out and know,

How, when and where do all things pair?

Why do they kiss and love?

Ye men of lofty wisdom say,

What happend to me then,

Search out and tell me where, how, when,

And why it happened thus?"

嗟汝哲人，靡所不知，靡所不学，既深且跻。粲粲生物，罔不匹俦。各啮厥齿，而相厥攸。匪汝哲人，孰知其故？自何时始，来自何处？嗟汝哲人，渊渊其知。相彼百昌，奚而熙熙？愿言哲人，诏余其故。自何时始，来自何处？（译文）

哀伽尔之问题，人人所有之问题，而人人未解决之大问题也。人有恒言曰："饮食男女，人之大欲存焉。"然人七日不食则死，一日不再食则饥。若男女之欲，则于一人之生活上，宁有害无利者也，而吾人之欲之也如此何哉？吾人自少壮以后，其过半之光阴，过半之事业，所计画、所勤动者为何事？汉之成、哀，曷为而丧其生？殷辛、周幽，曷为而亡其国？励精如唐玄宗，英武如后唐庄宗，曷为而不善其终？且人生苟为数十年之生活计，则其维持此生活，亦易易耳，曷为而其忧劳之度，倍蓰而未有已？记曰："人不婚宦，情欲失半。人苟能解此问题，则于人生之知识，思过半矣。而蚩蚩者乃日用而不知，岂不可哀也与！其自哲学上解此问题者，则二千年间，仅有叔本华之"男女之爱之形而上学"耳。诗歌小学之描写此事者，通古今东西，殆不能悉数，然能解决之者鲜矣。《红楼梦》一书，非徒提出此问题，又解决之者也。彼于开卷即下男女之爱之神话的解释。其叙此书之主人公贾宝玉之来历曰：

> 却说女蜗氏炼石补天之时，于大荒山无稽崖，炼成高十二丈，见方二十四丈大的顽石三万六千五百零一块。那娲皇只用了三万六千五百块，单单剩下一块未用，弃在青埂峰下。谁知此石自经锻炼之后，灵性已通，自去自来，可大可小。因见众石俱得补天，独自己无才，不得入选，遂自怨自艾，日夜悲哀。

（第一回）

此可知生活之欲之先人生而存在，而人生不过此欲之发现也。此可知吾人之坠落，由吾人之所欲，而意志自由之罪恶也。夫顽钝者既不幸而为此石矣，又幸而不见用，则何不游于广莫之野，无何有之乡，以自适其适，而必欲入此忧患劳苦之世界，不可谓非此石之大误也。由此一念之误，而遂造出十九年之历史，与百二十回之事实，与茫茫大士，渺渺真人何与？又于第百十七回中，述宝玉与和尚之谈论曰：

"……弟子请问师父：可是从太虚幻境而来？"那僧道："什么'幻境'！不过是来处来，去处去罢了。我是送还你的玉来的。我且问你，那玉是从那里来的？"宝玉一时对答不来。那僧笑道："你自己的来路还不知，便来问我！"宝玉本来颖悟，又经点化，早把红尘看破，只是自己的底里未知。一闻那僧问起玉来，好像当头一棒，便说道："你也不用银子的，我把那玉还你罢。"那僧笑道："也该还我了！"

所谓"自己的底里未知"者，未知其生活乃自己之一念之误，而此念之所自造也。及一闻和尚之言，始知此不幸之生活，由自己之所欲，而其拒绝之也，亦不得由自己，是以有还玉之言。所谓玉者，不过生活之欲之代表而已矣。故携入红尘者，非彼二人之所为，顽石自己而已；引登彼岸者，亦非二人之力，顽石自己而已。此岂独宝玉一人然哉？人类之坠落与解脱，亦视其意志而已。而此生活之意志，其于永远之生活，比个人之生活为尤切；易言以明之则男女之欲，尤强于饮食之欲。何则？前者无尽的，后者有限的也；前者形而上的，后者形而下的也。又如上章所说生活之于苦痛，二者一而非二，而苦痛之度，与主张生活之欲之度为比例。是故前者之苦痛，尤倍蓰于后者之苦痛。而《红楼梦》一书，实示此生活此苦痛之由于自造，又示其解脱之道，不可不由自己求之者也。

而解脱之道，存于出世，而不存于自杀。出世者，拒绝一切生活之欲者也。彼知生活之无所逃于苦痛，而求入于无生活之域。当其终也，垣干虽存，固已形如槁木，而心如死灰矣。若生活之欲如故，但不满于现在之生活，而求主张之于异日，则死于此者，固不得不复生于彼，而苦海之流，又将与生活之欲而无穷。故金钏之堕井也，司棋之触墙也，尤三姐、潘又安之自刎也，非解脱也，求偿其欲而不得者也。彼等之所不欲者，其特别之生活，而对生活之为物，则固欲之而不疑也。故此书中真正之解脱，仅贾宝玉、惜春、紫鹃三人耳。而柳湘莲之入道，有似潘又安；芳官之出家，略同于金钏。故苟有生活之欲存乎，则虽出世而无与于解脱；苟无此欲则自杀亦未始非解脱之一者也。如鸳鸯之死，彼固有不得已之境遇在；不然，则惜春、紫鹃之事，固亦其所优为者也。

而解脱之中，又自有二种之别：一存于观他人之苦痛，一存于觉自己之苦痛。然前者之解脱，惟非常之人为能，其高百倍于后者，而其难亦百倍。但由其成功观之，则二者一也。通常之人，其解脱由于苦痛之阅历，而不由于苦痛之知识。惟非常之人，由非常之知力，而洞观宇宙人生之本质，始知生活与苦痛之不能相离，由是求绝其生活之欲，而得解脱之道。然于解脱之途中，彼之生活之欲，犹时时起而与之相抗，而生种种之幻影。所谓恶魔者，不过此等幻影之人物化而已矣。故通常之解脱，存于自己之苦痛，彼之生活之欲，因不得其满足而愈烈，又因愈烈而愈不得其满足，如此循环，而陷于失望之境遇，遂悟宇宙人生之真相，遽而求其息肩之所。彼全变其气质，而超出乎苦乐之外，举昔之所执著者，一旦而舍之。彼以生活为炉，苦痛为炭，而铸其解脱之鼎。彼以疲于生活之欲故，故其生活之欲不能复起而为之幻影。此通常之人解脱之状态也。前者之解脱，如惜春、紫鹃；后者之解脱，如宝玉。前者之解脱，超自然的也，神明的也，后者之解脱，自然的也，人类的也。前者之解脱，宗教的也；后者美术的也。前者平和的也；后者悲感的也，壮美的也，故文学的也，诗歌的也，小说的也。此《红楼梦》之主人公，所以非惜春、紫鹃，而为贾宝玉者也。

呜呼，宇宙一生活之欲而已！而此生活之欲之罪过，即以生活之苦痛罚之；此即宇宙之永远的正义也。自犯罪，自加罚，自忏悔，自解脱。美术之务，在描写人生之苦痛与其解脱之道，而使吾侪冯生之徒，于此桎梏之世界中，离此生活之欲之争斗，而得其暂时之平和，此一切美术之目的也。夫欧洲近世之文学中，所以推格代之《法斯德》（即歌德的《浮士德》——编者）为第一者，以其描写博士法斯德之苦痛，及其解脱之途径，最为精切故也。若《红楼梦》之写宝玉，又岂有以异于彼乎？彼于缠陷最深之中，而已伏解脱之种子：故听《寄生草》之曲，而悟立足之境，读《胠箧》之篇，而作焚花散麝之想，所以未能者，则以黛玉尚在耳。至黛玉死而其志渐决，然尚屡失于宝钗，几败于五儿，屡蹶屡振，而终获最后之胜利。读者观自九十八回以至百二十回之事实，其解脱之行程，精进之历史，明瞭精切何如哉！且法斯德之苦痛，天才之苦痛；宝玉之苦痛，人人所有之苦痛也。其存于人之根柢者为独深，而其希救济也为尤切。作者一一掇拾而发挥之。我辈之读此书者，宜如何表满足感谢之意哉！而吾人于作者之姓名，尚未有确实之知识，岂徒吾侪寡学之羞，亦足以见二百余年来吾人之祖先，封此宇宙之大著述，如何冷淡遇之也。谁使此大著述之作者，不敢自署其名？此可知此书之精神，大背于吾国人之性质，及吾人之沉溺于生活之欲，而乏美术之知识，有如此也。然则予之为此论，亦自知有罪也夫。

三、红楼梦之美学上之价值

如上章之说，吾国人之精神，世间的也，乐天的也，故代表其精神之戏曲小说，无往而不著此乐天之色彩：始于悲者终于欢，始于离者终于合，始于困者终于享；非是而欲厌阅者之心，难矣！若《牡丹亭》之返魂，《长生殿》之重圆，其最著之一例也。《西厢记》之以《惊梦》终也，未成之作也，此书若成，吾乌知其不为《续西厢》之浅陋也？有《水浒传》矣，曷为而又有《荡寇志》？有《桃花扇》矣，曷为而又有《南桃花扇》？有《红楼梦》矣，彼《红楼复梦》、《补红楼梦》、《续红楼》

者，曷为而作也？又曷为而有反对《红楼梦》之《儿女英雄传》？故吾国之文学中，其具厌世解脱之精神者，仅有《桃花扇》与《红楼梦》耳。而《桃花扇》之解脱，非真解脱也：沧桑之变，目击之而身历之，不能自悟，而悟于张道士之一言；且以历数千里，冒不测之险，投缧绁之中，所索之女子，才得一面，而以道士之言，一朝而舍之，自非三尺童子，其谁信之哉？故《桃花扇》之解脱，他律的也；而《红楼梦》之解脱，自律的也。且《桃花扇》之作者，但借侯、李之事，以写故国之戚，而非以描写人生为事。故《桃花扇》，政治的也，国民的也，历史的也；《红楼梦》，哲学的也，宇宙的也，文学的也。此《红楼梦》之所以大背于吾国人之精神，而其价值亦即存乎此。彼《南桃花扇》、《红楼复梦》等，正代表吾国人乐天之精神者也。

《红楼梦》一书，与一切喜剧相反，彻头彻尾之悲剧也。其大宗旨如上章之所述，读者既知之矣。除主人公不计外，凡此书中之人有与生活之欲相关系者，无不与苦痛相终始，以视宝琴、岫烟、李纹、李绮等，若藐姑射神人，复乎不可及矣。夫此数人者，曷尝无生活之欲，曷尝无苦痛？而书中既不及写其生活之欲，则其苦痛自不得而写之；足以见二者如骖之靳，而永远的正义，无往不逞其权力也。又吾国之文学，以挟乐天的精神故，故往往说诗歌的正义，善人必夺其终，而恶人必离其罚：此亦吾国戏曲小说之特质也。《红楼梦》则不然：赵姨、凤姐之死，非鬼神之罚，彼良心自己之苦痛也。若李纨之受封，彼于《红楼梦》十四曲中，固已明说之曰：

　　[晚韶华] 镜里恩情，更那堪梦里功名！那美韶华去之何迅。再休题绣帐鸳衾；只这戴珠冠，披凤袄，也抵不了无常性命。虽说是，人生莫受老来贫，也须要阴隲积儿孙。气昂昂，头戴簪缨，光灿灿，胸悬金印，威赫赫，爵禄高登，——昏惨惨，黄泉路近。问古来将相可还存？也只是虚名儿与后人钦敬。

　　（第五回）

此足以知其非诗歌的正义,而既有世界人生以上,无非永远的正义之所统辖也。故曰《红楼梦》一书,彻头彻尾的悲剧也。由叔本华之说,悲剧之中,又有三种之别:第一种之悲剧,由极恶之人,极其所有之能力,以交构之者。第二种,由于盲目的运命者。第三种之悲剧,由于剧中之人物之位置及关系而不得不然者;非必有蛇蝎之性质,与意外之变故也,但由普遍之人物,普通之境遇,逼之不得不如是;彼等明知其害,交施之而交受之,各加以力而各不任其咎,此种悲剧,其感人贤于前二者远甚。何则?彼示人生最大之不幸,非例外之事,而人生之所固有故也。若前二种之悲剧,吾人对蛇蝎之人物,与盲目之命运,未尝不悚然战慄;然以其罕见之故,犹幸吾生之可以免,而不必求息肩之地也。但在第三种,则见此非常之势力,足以破坏人生之福祉者,无时而不可坠于吾前;且此等惨酷之行,不但时时可受诸己而或可以加诸人;躬丁其酷,而无不平之可鸣:此可谓天下之至惨也。若《红楼梦》,则正第三种之悲剧也。兹就宝玉、黛玉之事言之:贾母爱宝钗之婉嫕,而证黛玉之孤僻,又信金玉之邪说,而思压宝玉之病;王夫人固亲于薛氏;凤姐以持家之故,忌黛玉之才,而虞其不便于己也;袭人惩尤二姐、香菱之事,闻黛玉"不是东风压西风,就是西风压东风"之语,(第八十一回)惧祸之及,而自同于凤姐,亦自然之势也。宝玉之于黛玉,信誓旦旦,而不能言之于最爱之之祖母,则普通之道德使然;况黛玉一女子哉!由此种种原因,而金玉以之合,木石以之离,又岂有蛇蝎之人物,非常之变故,行于其间哉?不过通常之道德,通常之人情,通常之境遇为之而已。由此观之,《红楼梦》者,可谓悲剧中之悲剧也。

由此之故,此书中壮美之部分,较多于优美之部分,而眩惑之原质殆绝焉。作者于开卷即申明之曰:

> 更有一种风月笔墨,其淫秽污臭,最易坏人子弟。至于才子佳人等书,则又开口文君,满篇子建,千部一腔,千人一面,且终不能不涉淫滥。在作者不过欲写出自己两首情诗艳赋来,

故假捏出男女二人名姓，又必旁添一小人拨乱其间，如戏中小丑一般。(此又上节所言之一证)

兹举其最壮美者之一例，即宝玉与黛玉最后之相见一节曰：

那黛玉听著傻大姐说宝玉娶宝钗的话，此时心里，竟是油儿、酱儿、糖儿、醋儿倒在一处的一般，甜、苦、酸、咸，竟说不上什么味儿来了。……自己转身要回潇湘馆去。那身子竟有千百斤重的，两只脚却像踏着棉花一般，早已软了。只得一步一步慢慢的走将来。走了半天，还没到沁芳桥畔。原来脚下软了，走的慢，且又迷迷痴痴，信着脚从那边绕过来，更添了两箭地的路。这时刚到沁芳桥畔，却又不知不觉的顺着堤往回里走起来。紫鹃取了绢子来，不见黛玉。正在那里看时，只见黛玉颜色雪白，身子恍恍荡荡的，眼睛也直直的，在那里东转西转。……只得赶过来，轻轻的问道："姑娘，怎么又回去？是要往那里去？"黛玉也只模糊听见，随口应道："我问问宝玉去。"紫鹃……只得搀他进去。那黛玉却又奇怪，这时不似先前那样软了，也不用紫鹃打帘子，自己掀起帘子进来。……看见宝玉在那里坐着，也不起来让坐，只瞅着嘻嘻的傻笑。黛玉自己坐下，却也瞅着宝玉笑。两个人也不问好，也不说话，也无推让，只管对着脸傻笑起来。……忽然听着黛玉说道："宝玉！你为什么病了？"宝玉笑道："我为林姑娘病了。"袭人、紫鹃两个，吓得面目改色，连忙用言语来岔。两个却又不答言，仍旧傻笑起来。……紫鹃搀起黛玉。那黛玉也就站起来，瞅着宝玉只管笑，只管点头儿。紫鹃又催道："姑娘，回家去歇歇罢。"黛玉道："可不是，我这就是回去的时候儿了！"说着，便回身笑着出来了。仍旧不用丫头们搀扶，自己却走得比往常飞快。

(第九十六回)

如此之文，此书中随处有之，其动吾人之感情何如！凡稍有审美的嗜好者，无人不经验之也。

《红楼梦》之为悲剧也如此。昔雅里大德勒于《诗论》（即亚里士多德的《诗学》——编者），谓悲剧者，所以感发人之情绪而高上之，殊如恐惧与悲悯之二者，为悲剧中固有之物，由此感发，而人之精神于焉洗涤。故其目的，伦理学上之目的也。叔本华置诗歌于美术之顶点，又置悲剧于诗歌之顶点；而于悲剧之中，又特重第三种，以其示人生之真相，又示解脱之不可已故。故美学上最终之目的，与伦理学上最终之目的合。由是《红楼梦》之美学上之价值，亦与其伦理学上之价值相联络也。

四、红楼梦之伦理学上之价值

自上部分观之，《红楼梦》者，悲剧中之悲剧也。其美学上之价值，即存乎此。然使伦理学上之价值以继之，则其于美术上之价值，尚未可知也。今使为宝玉者，于黛玉即死之后，或感愤而自杀，或放废以终其身，则虽谓此书一无价值可也。何则？欲达解脱之域者，固不可不尝人世之忧患，然所贵乎忧患者，以其为解脱之手段故，非重忧患自身之价值也。今使人日日居忧患言忧患，而无希求解脱之勇气，则天国与地狱，彼两失之；其所领之境界，除阴云蔽天，沮洳弥望外，固无所获焉。黄仲则《绮怀》诗曰：

如此星辰非昨夜，为谁风露立中宵。

又其卒章曰：

结束铅华归少作，屏除丝竹入中年；茫茫来日愁如海，寄语羲和快着鞭。

其一例也。《红楼梦》则不然,其精神之存于解脱,如前二章所说,兹固不俟喋喋也。

然则解脱者,果足为伦理学上最高之理想否乎?自通常之道德观之,夫人知其不可也。夫宝玉者,固世俗所谓绝父子、弃人伦、不忠不孝之罪人也。然自太虚中有今日之世界,自世界中有今日之人类,乃不得不有普通之道德。以为人类之法则。顺之者安,逆之者危;顺之者存,逆之者亡。于今日之人类中,吾固不能不认普通之道德之价值也。然所以有世界人生者,果有合理的根据欤?抑出于盲目的动作,而别无意义存乎其间欤?使世界人生之存在,而有合理的根据,则人生中所有普通之道德,谓之绝对的道德可也。然吾人从各方面观之,则世界人生之所以存在,实由吾人类之祖先一时之误谬。诗人之所悲歌,哲学者之所瞑想,与夫古代诸国民之传说,若出一揆。若第二章所引《红楼梦》第一回之神话的解释,亦于意识中暗示此理,较之《创世记》所述人类犯罪之历史,尤为有味者也。夫人之有生,既有鼻祖之误谬矣,则夫吾人之同胞,凡为此鼻祖之子孙者,苟有一人焉,未入解脱之域,则鼻祖之罪,终无时而赎,而一时之误谬,反覆至数千万年而未有已也。则夫绝弃人伦如宝玉其人者,自普通之道德言之,固无所辞其不忠不孝之罪;若开天眼而观之,则彼固可谓干父之蛊者也。知祖父之误谬,而不忍反覆之以重其罪,顾得谓之不孝哉?然则宝玉"一子出家,七祖升天"之说,诚有见乎所谓孝者在此不在彼,非徒自辩护而已。

然则举世界之人类,而尽入于解脱之域,则所谓宇宙者,不诚无物也欤?然有无之说,盖难言之矣。夫以人生之无常,而知识之不可恃,安知吾人之所谓有非所谓真有者乎?则自其反而言之,又安知吾人之所谓无非所谓真无者乎?即真无矣,而使吾人自空乏与满足,希望与恐怖之中出,而获永远息肩之所,不犹愈于世之所谓有者乎!然则吾人之畏无也,与小儿之畏暗黑何以异?自己解脱者观之,安知解脱之后,山川之美,日月之华,不有过于今日之世界者乎?读《飞鸟各投林》之曲,所谓"一片白茫茫大地真干净"者,有欤无欤,吾人且勿问,但立乎今日之人生而观之，彼诚有味乎其言之也。

难者又曰：人苟无生，则宇宙间最可宝贵之美术，不亦废欤？曰：美术之价值，对现在之世界人生而起者，非有绝对的价值也。其材料取诸人生，其理想亦视人生之缺陷逼仄，而趋于其反对之方面。如此之美术，唯于如此之世界，如此之人生中，始有价值耳。今设有人焉，自无始以来，无生死，无苦乐，无人世之挂碍而唯有永远之知识，则吾人所宝为无上之美术，自彼视之，不过蛙鸣蝉噪而已。何则？美术上之理想，固彼之所自有，而其材料，又彼之所未尝经验故也。又设有人焉，备尝人世之苦痛，而已入于解脱之域，则美术之于彼也，亦无价值。何则？美术之价值，存于使人离生活之欲，而入于纯粹之知识。彼既无生活之欲矣，而复进之以美术，是犹馈壮夫以药石，多见其不知量而已矣。然而起今日之世界人生以外者，于美术之存亡，固自可不必问也。

夫然，故世界之大宗教，如印度之婆罗门教及佛教，希伯来之基督教，皆以解脱为唯一之宗旨。哲学家如古代希腊之柏拉图，近世德意志之叔本华，其最高之理想，亦存于解脱。殊如叔本华之说，由其深邃之知识论，伟大之形而上学出，一扫宗教之神话的面具，而易以名学之论法，其真挚之感情，与巧妙之文字，又足以济之：故其说精密确实，非如古代之宗教及哲学说，彼属想像而已。然事不厌其求详，姑以生平所疑者商榷焉。夫由叔氏之哲学说，则一切人类及万物之根本，一也。故充叔氏拒绝意志之说，非一切人类及万物，各拒绝其生活之意志，则一人之意志，亦不可得而拒绝。何则？生活之意志之存于我者，不过其一最小部分，而其大部分之存放一切人类及万物者，皆与我之意志同。而此物我之差别，仅由于吾人知力之形式，故离此知力之形式，而反其根本而观之，则一切人类及万物之意志，皆我之意志也。然则拒绝吾一人之意志，而姝姝自悦曰解脱，是何异决蹄跰之水，而注之沟壑，而曰天下皆得平土而居之哉！佛之言曰："若不尽度众生，誓不成佛。"其言犹若有能之而不欲之意。然自吾人观之，此岂徒能之而不欲哉！将毋欲之而下能也。故如叔本华之言一人之解脱，而未言世界之解脱，实与其意志同一之说，不能两立者也。叔氏无意识中亦触此疑问，故于其《意志及观念之世界》之第四编之末，力护其说曰：

> 人之意志，于男女之欲，其发现也为最著。故完全之贞操，乃拒绝意志，即解脱之第一步也。夫自然中之法则，固自最确实者。使人人而行此格言，则人类之灭绝，自可立而待。至人类以降之动物，其解脱与坠落，亦当视人类以为准。《吠陁》之经典曰："一切众生之待圣人，如饥儿之待慈父母也。"基督教中亦有此思想。珊列休斯于其《人持一切物归于上帝》之小诗中曰："嗟汝万物灵，有生皆爱汝。总总环汝旁，如儿索母乳。携之适天国，惟汝力是怙！"德意志之神秘学者马斯太哀克赫德亦云："《约翰福音》云：'余之离世界也，将引万物而与我俱。基督岂欺我哉！'夫善人固将持万物而归之于上帝，即其所从出之本者也。今夫一切生物，皆为人而造，又各自相为用；牛羊之于水草，鱼之于水，鸟之于空气，野兽之于林莽皆是也。一切生物皆上帝所造，以供善人之用，而善人携之以归上帝。"彼意盖谓人之所以有用动物之权利者，实以能救济之之故也。

> 于佛教之经典中，亦说明此真理。方佛之尚为菩提萨埵也，自王宫逸出而入深林时，彼策其马而歌曰："汝久疲放生死兮，今将息此任载。负余躬以遐举兮，继今日而无再。苟彼岸其余达兮，余将徘徊以汝待！"（《佛国记》）此之谓也。（英译《意志及观念之世界》第一册第四百九十二页。）

然叔氏之说，徒引据经典，非有理论的根据也。试问释迦示寂以后，基督尸十字架以来，人类及万物之欲生奚若？其痛苦又奚若？吾知其不异于昔也。然则所谓持万物而归之上帝者，其尚有所待欤？往者作一律曰：

生平颇忆挈虚敖，东过蓬莱浴海涛。何处云中闻犬吠，至今湖畔尚乌号。人间地狱真无间，死后泥洹枉自豪。终古众生无度日，世尊祇合老尘嚣。

何则？小宇宙之解脱，视大宇宙之解脱以为准故也。赫尔德曼人类涅槃之说，所以起而补叔氏之缺点者以此。要之，解脱之足以为伦理学上最高之理想与否，实存于解脱之可能与否。若夫普通之论难，则固如楚楚蜉蝣，不足以撼十围之大树也。

今使解脱之事，终不可能，然一切伦理学上之理想，果皆可能也欤？今夫与此无生主义相反者，生生主义也。夫世界有限，而生人无穷；以无穷之人，生有限之世界，必有不得遂其生者矣。世界之内，有一人不得遂其生者，固生生主义之理想之所不许也。故由生生主义之理想，则欲使世界生活之量，达于极大限，则人人生活之度，不得不达于极小限。盖度与量二者，实为一精密之反比例，所谓最大多数之最大福祉者，亦仅归于伦理学者之梦想而已。夫以极大之生活量，而居于极小之生活度，则生活之意志之拒绝也奚若？此生生主义与无生主义相同之点也。苟无此理想，则世界之内，弱之肉，强之食，一任诸天然之法则耳，奚以伦理为哉？然世人日言生生主义，而此理想之达于何时，则尚在不可知之数。要之理想者，可近而不可即，亦终古不过一理想而已矣。人知无生主义之理想之不可能，而自忘其主义之理想之何若？此则大不可解脱者也。

夫如是，则《红楼梦》之以解脱为理想者，果可菲薄也欤，夫以人生忧患之如彼，而劳苦之如此，苟有血气者，未有不渴慕救济者也；不求之于实行，犹将求之于美术。独《红楼梦》者，同时与吾人以二者之救济。人而自绝放救济则已耳；不然，则对此宇宙之大著述，宜如何企踵而欢迎之也！

五、余论

　　自我朝考证之学盛行，而读小说者，亦以考证之眼读之。于是评《红楼梦》者，纷然索此书之主人公之为谁，此甚不可解者也。夫美术之所写者，非个人之性质，而人类全体之性质也。惟美术之特质，贵具体而不贵抽象。于是举人类全体之性质，置诸个人之名字之下。譬诸"副墨之子，""洛诵之孙"，亦随吾人之所好名之而已。善于观物者，能就个人之事实，而发见人类全体之性质；今对人类之全体，而必规规焉求个人以实之，人之知力相越，岂不远哉！故《红楼梦》之主人公，谓之贾宝玉可，谓之"子虚""乌有"先生可，即谓之纳兰容若，谓之曹雪芹，亦无不可也。

　　综观评此书者之说，约有二种：一谓述他人之事，一谓作者自写其生平也。第一说中，大抵以贾宝玉为即纳兰性德。其说要非无所本。案性德《饮水诗集别意》六首之三曰：

　　独拥余香冷不胜，残更数尽思腾腾。今宵便有随风梦，知在红楼第几层？

又《饮水》词中《于中好》一阕云：

　　别绪如丝睡不成，那堪孤枕梦边城。因听紫塞三更雨，却忆红楼半夜灯。

又《减字木兰花》一阕咏新月云：

　　莫教星替，守取团圆终必遂。此夜红楼，天上人间一样愁。

"红楼"之字凡三见,而云"梦红楼"者一。又其亡妇忌日作《金缕曲》一阕其首三句云:

> 此恨何时已,滴空阶寒更雨歇,葬花天气。

"葬花"二字,始出于此。然则《饮水集》与《红楼梦》之间,稍有文字之关系,世人以宝玉为即纳兰侍卫者,殆由于此。然诗人与小说家之用语,其偶合者固不少。苟执此例以求《红楼梦》之主人公,吾恐其可以傅合者,断不止容若一人而已。若夫作者之姓名,(遍考各书,未见曹雪芹何名。)与作书之年月,其为读此书者所当知,似更比主人公之姓名为尤要。顾无一人为之考证者,此则大不可解者也。

至谓《红楼梦》一书,为作者自道其生平者。其说本于此书第一回"竟不如我亲见亲闻的几个女子"一语。信如此说,则唐旦(即但丁——编者)之《天国喜剧》,可谓无独有偶者矣。然所谓亲见亲闻者,亦可自旁观者之口言之,未必躬为剧中之人物。如谓书中种种境界,种种人物,非局中人不能道,则是《水浒传》之作者,必为大盗,《三国演义》之作者,必为兵家,此又大不然之说也。且此问题,实为美术之渊源之问题相关系。如谓美术上之事,非局中人不能道,则其渊源必全存于经验而后可。夫美术之源,出于先天,抑由于经验,此西洋美学上至大之问题也。叔本华之论此问题也,最为透辟。兹援其说,以结此论。其言(此论本为绘画及雕刻发,然可通之于诗歌小说)曰:

> 人类之美之产于自然中者,必由下文解释之:即意志于其客观化之最高级(人类)中,由自己之力与种种之情况,而打胜下级(自然力)之抵抗,以占领其物质。且意志之发现于高等之阶级也,其形式必复杂:即以一树言之,乃无数之细胞,合而成一系统者也。其阶级愈高,其结合愈复。人类之身体,乃最复杂之系统也:各部分各有一特别之生活,其对全体也,

则为隶属；其互相对也，则为同僚；互相调和，以为其全体之说明；不能增也，不能减也。能如此者，则谓之美。此自然中不得多见者也。顾美之于自然中如此，于美术中则何如？或有以美术家为模仿自然者。然彼苟无美之预想存于经验之前，则安从取自然中完全之物而模仿之，又以之与不完全者相区别哉？且自然亦安得时时生一人焉，于其各部分皆完全无缺哉？或又谓美术家必先于人之肢体中，观美丽之各部分，而由之以构成美丽之全体。此又大愚不灵之说也。即令如此，彼又何自知美丽之在此部分而非彼部分哉？故美之知识，断非自经验的得之，即非后天的，而常为先天的；即不然，亦必其一部分常为先天的也。吾人于观人类之美后，始认其美；但在真正之美术家，其认识之也，极其明速之度，而其表出之也，胜乎自然之为。此由吾人之自身即意志，而于此所判断及发见者，乃意志于最高级之完全之客观化也。唯如是，吾人斯得有美之预想。而在真正之天才，于美之预想外，更伴以非常之巧力。彼于特别之物中，认全体之理念，遂解自然之嗫嚅之言语而代言之；即以自然所百计而不能产出之美，现之于绘画及雕刻中，而若语自然曰："此即汝之所欲言而不得者也。"苟有判断之能力者，必将应之曰："是。"唯如是，故希腊之天才，能发见人类之美之形式，而永为万世雕刻家之模范。唯如是，故吾人对自然于特别之境遇中所偶然成功者，而得认其美。此美之预想，乃自先天中所知者，即理想的也，比其现于美术也，则为实际的。何则？此与后天中所与之自然物相合故也。如此，美术家先天中有美之预想，而批评家于后天中认识之，此由美术家及批评家，乃自然之自身之一部，而意志于此客观化者也。哀姆攀独克尔曰："同者唯同者知之。"故唯自然能知自然，唯自然能言自然，则美术家有自然之美之预想，固自不足怪也。

芝诺芬述苏格拉底之言曰："希腊人之发见人类之美之理

想,也由于经验。即集合种种美丽之部分,而于此发见一膝,于彼发见一臂。"此大谬之说也。不幸而此说又蔓延于诗歌中。即以狭斯丕尔(即莎士比亚——编者)言之,谓其戏曲中所描写之种种之人物,乃其一生之经验中所观察者,而极其全力以模写之者也。然诗人由人性之预想而作戏曲小说,与美术家之由美之预想而作绘书及雕刻无以异。唯两者于其创造之途中,必须有经验以为之补助。夫然,故其先天中所已知者,得唤起而入于明晰之意识,而后表出之事,乃可得而能也。(叔氏《意志及观念之世界》第一册第二百八十五页至八十九页)

由此观之,则谓《红楼梦》中所有种种之人物,种种之境遇,必本于作者之经验,则雕刻与绘画家之写人之美也,必此取一膝,彼取一臂而后可。其是与非,不待知者而决矣。读者苟玩前数章之说,而知《红楼梦》之精神,与其美学伦理学上之价值,则此种议论,自可不生。苟知美术之大有造于人生,而《红楼梦》自足为我国美术上之唯一大著述,则其作者之姓名,与其著书之年月,固当为唯一考证之题目。而我国人之所聚讼者,乃不在此而在彼;此足以见吾国人之对此书之兴味之所在,自在彼而不在此也,故为破其惑如此。

真理与自由

前既述数年间为学之事,兹复就为学之结果述之:余疲于哲学有日矣。哲学上之说,大都可爱者不可信,可信者不可爱。余知真理,而余又爱其谬误。伟大之形而上学,高严之伦理学,与纯粹之美学,此吾人所酷嗜也。然求真可信者,则宁在知识论上之实证论;伦理学上之快乐论,与美学上之经验论。知其可信而不能爱,觉其可爱而不能信,此近二三年中最大之烦闷,而近日之嗜好所以渐由哲学而移于文学,而欲于其中求直接之慰藉者也。要之,余之性质,欲为哲学家则感情苦多,而知力苦寡;欲为诗人,则又苦感情寡而理性多。诗歌乎?哲学乎?他日以何者终吾身,所不敢知,抑在二者之间乎?

今日之哲学界,自赫尔德曼以后,未有敢立一家系统者也。居今日而欲自立一新系统,自创一新哲学,非愚则狂也。近二十年之哲学家,如德之芬德,英之斯宾塞尔,但搜集科学之结果,或古人之说而综合之、修正之耳。此皆第二流之作者,又皆所谓可信而不可爱者也。此所谓哲学家,则实哲学史家耳。以余之力,加之以学问,以研究哲学史,或可操成功之券。然为哲学家,则不能;为哲学史,则又不喜,此亦疲于哲学之一原因也。

近年嗜好之移于文学,亦有由焉,则填词之成功是也。余之于词,虽所作尚不及百阕,然自南宋以后,除一二人外,尚未有能及余者。则平日之所自信也,虽比之五代、北宋之大词人,余愧有所不如,然此等词人,亦未始无不及余之处。因词之成功,有志于戏曲,此亦近日之奢愿也。然词之于戏曲,一抒情,一叙事,其性质既异,其难易又殊。又何敢因前者之成功,而避冀后者乎?但余所以有志于戏曲者,又自有故。吾中国文学之最不振者,莫戏曲若。元之杂剧,明之传奇,存于今日者,尚以百数。其中之文字,虽有佳者,然其理想及结构,虽欲不谓至幼稚,至拙劣，不可得也。国朝之作者，虽略有进步，然比诸西洋之名剧，相去尚不能以道里计。此余所以自忘其不敏，而独有志乎是也。然目与手不相谋，志与力不相符，此又后人之通病。故他日能为之与否，所不敢知，至为之而能成功与否，则愈不敢知矣。

虽然，以余今日研究之日浅，而修养之力乏，而遭绝望于哲学及文学，毋乃太早计乎！苟积毕生之力，安知于哲学上不有所得，而于文学不终有成功之一日乎？即今一无成功，而得于局促之生活中，以思索玩赏为消遣之法，以自遣于声色货利之域，其益固已多矣。诗云："且以喜乐，且以永日。"此吾辈才弱者之所有事也。若夫深湛之思，创造之力，苟一日集于余躬，则候诸天之所为欤！